장 프랑수아 리오타르
포스트모더니즘을 구하라

장 프랑수아 리오타르

포스트모더니즘을
구하라

사이먼 말파스 지음

윤동구 옮김

앨피
book

포스트모더니즘이 일으킨 '분쟁'

1992년, 리오타르가 번역된 해

장 프랑수아 리오타르는 우리에게 익숙한 듯 익숙하지 않은 사람이다. 리오타르라고 하면 많은 이들은 '포스트모던'을 연상하고, 그 가운데 몇몇은 "메타서사들에 대한 불신"이라는 리오타르의 유명한 포스트모던 정의를 떠올리겠지만, 그 이상의 것을 말할 수 있는 사람은 흔치 않아 보인다. 두 종의 한국어 번역본이 출간된 『포스트모던의 조건The Postmodern Condition』을 제외한 리오타르의 주저들이 제대로 소개되지 않았다는 사실을 감안하면, 이는 이상한 일도 아니다.

이제는 확연히 철 지난 느낌을 지우기 어려운 포스트모던 논의나 칸트와 관련된 '숭고' 개념을 언급하는 자리 말고는, 적어도 한국의 이론적 지형에서 리오타르의 이름을 접하기란 쉽지 않게 되었다. 새로운 이론이나 사상이 소개되면 반짝 조명을 받다가 순식간에 폐기 처분되기 일쑤인 부박한 우리의 지적 풍토가 어제오늘 일은 아니다. 다만 리오타르의 경우가 조금 새삼스러운 면이 있다면, 그것은 아마도 리오타르가 처음부터 어떤 '청산주의'와의 의도하지 않은 공모 아래 수용됐다는 의혹 때문일 것이다. 이 땅에서 리오타르가 1980년대 후반부터 이름을 알리기 시작하여 90년대로 접어들면서 본격적으로 논의되었다는 사실을 감안하면, 이 같은 혐의는 더욱 뚜렷해진다. 현실 사회주의가 몰락하고 진보 담론 전반에 대한 믿음이 무너지면서 지식인들 사이에 좌절과 회의가 만연하던 90년대 초반은 실제로 문단에서 80년대에 대한 향수와 증오가 씁쓸하게 뒤엉킨 이른바 '후일담 소설'이 쏟아져 나오고, 혁명과 민중을 이야기하던 논객들이 지하로 숨어들거나 '문화 비평가'라는 세련된 직함을 달고 다시 나타나던 때이기 때문이다.

리오타르는 절묘하게도 바로 이러한 시기에 한국에 착륙했다. 해방과 진보를 약속하는 마르크스주의와 같은 거대 서사가 이제는 더 이상 호소력을 갖지 못한다는 리오타르의 주장은 이러한 시대 분위기와 잘 맞아떨어졌다. 마침 그 무렵, 자본주의의 승리를 의기양양하게 선포하는 프랜시스 후쿠야마의 『역사의 종말』 서평이 일간지에 큼지막하게 실렸다. 영어로 씌어져 1992년에 발간된 후쿠야마의 책은 놀랍게도 같은 해에 한국어로 번역되었다. 그런데 리오타르의 『포스트모던의 조건』이 한국어로 완역되어 세상에 나온 것도 바로 그해였다. 그것도 두 권씩이나.

포스트모더니즘론의 청산
그 이후 사람들은 마르크스나 레닌, 루카치에 기대어 '큰 이야기'를 구호처럼 반복하는 대신, 알튀세와 그람시, 푸코를 읽으며 '작은 이야기', 곧 일상의 미시적 양상들을 탐구하는 데 집중하기 시작했다. 대중문화를 학술 담론과 연계시켜 바라보는 문화 비평 잡지들이 우후죽순처럼 창간되었고, 대학 동아리나 학회 등지에서는 '누구누구의 원전'은 한구석에 처박아 둔 채, 이성적 합리성에 대한 회의 및 온갖 객관성과 총체성에 대한 불신을 표방하는 포스트모더니즘과 문화 이론서들을 뒤적거렸다. 안에서는 외형적으로나마 민주 정부가 들어서고 밖에서는 현실 사회주의가 종언을 고함에 따라, 담론의 주도권은 기존 좌파들의 우려와 비판에도 불구하고 '사회과학'에서 문화 연구로 재빨리 이동했다. 공중파 TV에서 포스트모더니즘을 해설하는 교양 프로그램이 방영될 정도로 포스트모더니즘은 말 그대로 대중적인 용어가 되었는데, 그 과정에서 리오타르의 이름이 가장 빈번히 사람들의 입에 오르내렸음은 물론이다.

그런데 이른바 'IMF 사태'는 또 많은 것을 바꾸어 놓았다. 사회 모든 영역에 걸쳐 기업의 효율성을 모범으로 삼는 경쟁 논리가 확산되었고, 이는 대학을 비롯한 지식인 사회에서도 거스를 수 없는 흐름이 되었다. 대학은 비판적 담론을 형성하여 세계화라는 신자유주의적 질서에 저항하기는커녕, 오히려 이를 정당화하는 이데올로기를 형성하고 기업의 이윤 추구에 효과적으로 부응할 인력들을 재생산하는 방향으로 순식간에 재편되기 시작했다. 이론의 전환 또는 우회의 문제를 말할 것도 없이, 이론의 생산을 가능케 하는 조건이 뿌리째 흔들렸던 것이다. (이 상황을 리오타르가 봤다면, 아마 '뒷북' 친다고 생각하지 않았을까. 『포스트모던의 조건』에서 비중 있게 검토되는 화두 가운데 하나가 대학 및 관련 제도들의 변화 양상이기 때문이다. 그러나 한국에서 리오타르 운운하던 논자들 가운데 이에 주목한 사람은 많지 않았다.)

사회 전반에 심리적 공황 상태가 지속되는 가운데, 포스트모더니즘 논의에 근거한 문화 비평은 이에 대처하는 데 한계를 드러내며 급격하게 영향력을 상실해 갔다. 문화 비평가들은 하나 둘 소리 없이 자취를 감추었고, 과실이나 동아리방에서 문화 비평서들을 돌려 가며 읽던 대학생들은 학회 세미나에 참가하는 대신 각자의 아이디를 들고 PC통신으로 자리를 옮겨 인터넷 블로그 시대를 예비하는 모나드monad로의 변신을 준비하고 있었다. 그 과정에서 리오타르는 참으로 조용히 잊혀지고 별다른 저항 없이 '청산'되었다. 경제 성장과 그에 따른 효율성 추구를 최고 덕목으로 꼽는 시장 만능주의라는 거대 서사가 더욱 막강한 권력으로, 거의 폭력적인 담론으로, 집단 최면 기제로 거듭나는 상황에서, "메타서사들에 대한 불신"이나 읊조리는 리오타르의 주장은 다른 의미에서 '시대착오적'으로 보일 수밖에 없었다.

숭고와 분쟁의 정치학

그러나 "권력은 시장으로 넘어갔다."는 진술이 최고 권력자의 입에서 나오고 있는 지금이야말로 리오타르의 포스트모던 논의와 그것의 수용을 냉정하게 평가할 수 있는 적기일지도 모른다. 비단 포스트모더니즘뿐 아니라 여타의 이론적 실천 자체가 그 실효성을 의심받고, 더나아가 경제 논리로 오롯이 환원될 수 없는 모든 학적 연구가 근본적으로 위기에 처한 상황이지만, 오히려 바로 그렇기 때문에 리오타르의 공과를 온당히 판단하는 일은 유용하고도 또 긴급하다. 이런 점에서, 리오타르의 사상 전반을 명료하게 소개하는 이 책은 오랜 기간 풍문으로서만 전해지며 숱하게 오독된 리오타르의 진면모를 바르게 이해하고 다각도로 살펴보는 계기가 될 것이다.

이 책의 저자인 사이먼 말파스는 무엇보다 리오타르가 강조하는 포스트모더니즘 개념과 본질을 명확히 밝히고, 이를 옹호하는 데 많은 지면을 할애했다. 포스트모더니즘이란 냉소나 허무주의와는 전혀 무관하며, 오히려 가치의 상실 및 절망이라는 시대적 정서를 극복하고 소비주의에 맞서 어떻게 사유하고 행동할 수 있을지를 포스트모더니즘 속에서 발견할 수 있다는 것이다.

이 과정에서 저자가 주목하는 리오타르의 개념이 바로 '숭고'이다. 리오타르는 『판단력비판』에 상세하게 개진된 칸트의 개념을 빌려 와 포스트모더니즘의 핵심 원리로서 가다듬었다. '표현 불가능한 것의 존재를 표현하기'라고 요약될 수 있는 리오타르의 숭고 개념은 미학적 관점에서만 보자면 사실 그다지 새로운 것이 없다고 할 수도 있지만, 저자가 이 개념에 적극적인 의의를 부여하는 이유는 그것이 예술과 미학의 차원을 넘어 정치의 영역과 긴밀하게 연결된다고 보기 때문이다.

리오타르는 정치적·사회적 맥락에서도 표현 불가능한 무엇이 존재한다고 보고, 이를 '분쟁le différend'이라는 용어로 개념화한다. 분쟁은 상이한 언어와 판단 규칙을 지닌 사람들 사이의 갈등과 소통 불가능성을 일컫는 말로서, 이들에게 한쪽에게만 유효한 규칙을 적용한다면 반드시 다른 한쪽에 불의와 폭력을 행하게 되는 딜레마를 가리킨다. 이때 분쟁으로 인한 상처는 언어화되지 못하거나 경험적으로 증명 불가능할 경우 철저하게 묻히거나 침묵당함으로써 폭력을 정당화하는 수단으로 악용된다. 리오타르는 20세기를 피로 물들인 무수한 대학살들이 하나의 기준을 세워 두고 그 기준에 벗어나거나 위배되는 모든 것을 억압하고 배제하는, 다시 말해 분쟁의 가능성을 원천봉쇄하는 이성의 자기 확신에서 비롯되었다고 보았다. 그러나 아무리 분쟁이 모든 비극의 원천이라도 해도, 우리가 어쨌거나 한쪽의 손을 들어 주지 않을 수 없는 상황이라면 어떻게 불의를 피하고 정의를 불러올 수 있단 말인가?

저자는 리오타르가 포스트모던 예술과 문학에서 그 가능성을 발견한다고 주장한다. 리오타르에 따르면, 분쟁은 익숙하고 낯익은 것만을 재현하고 유사한 반응만을 이끌어 내는 리얼리즘에서도, 내용과 형식에서 리얼리즘을 반성하고자 했으나 여전히 통일성과 전체성에 대한 미련을 버리지 못한 모더니즘에서도 온전히 드러날 수 없다. 오직 표현 불가능한 것의 존재를 표현함으로써 기존의 예술적 규칙들을 비롯한 사회의 지배적 가치들을 위반하고 이들의 존재 의의를 심문하는, 곧 숭고를 표현할 수 있는 포스트모더니즘만이 분쟁을 환원 불가능한 단독적인 사건으로서 증언할 수 있다. 바로 여기에 저자가 리오타르에게서 발견하는 포스트모더니즘의 윤리, 또는 정치학이 놓여 있다.

분쟁을 증언하는 것이야말로 온갖 차이와 개별성을 단일한 이념 아래 총체화하는 목적론적 거대 서사뿐 아니라, 모든 것을 교환가치로 복속시키는 무소불위의 자본주의에 맞서(분쟁이 억압되는 것은 그것에 귀 기울이는 것이 효율성과 수익성의 관점에서 전혀 이롭지 않기 때문이기도 하다.), 저항의 잠재력을 확보하는 절박한 작업이라는 것이다.

'전미래'의 역설

따라서 포스트모더니즘론을 포함한 리오타르 사상의 재평가는 기존 양식으로 표현할 수 없는 수많은 분쟁들의 존재를 표현하고 전면화하는 포스트모더니즘의 정치적 · 윤리적 성격을 적극 탐색하는 데서 비로소 시작될 수 있다. 물론 그와 같은 역량을 어떻게 사유하고 행동에 옮길 수 있는지 리오타르는 구체적으로 제시해 주지 않는다. 대신 리오타르는 프랑스어의 '전미래' 시제, 또는 영어의 '미래완료' 시제가 지닌 역설을 받아들이라고 권한다. 숭고와 분쟁이라는 감히 상상할 수 없는 사건은 그동안 우리가 알지 못했던 '앞으로 만들어질 규칙' 아래서만, 도래할 언어로서만 표현되고 증언될 것이기 때문이다.

이 역설을 이해하려면 얼마나 오래도록 미학적 감수성을 단련하고 정치적 계기를 거듭 포착해야 할지를 헤아리자니 막막해진다. 그러나 확고한 대안을 모색하려는 성마른 시도들이 불러왔던 지난날의 공포와 폭력들을 되풀이하고 싶지 않다면, "우리는 우리가 갈 길을 더듬어 찾을 수밖에 없다."는 리오타르의 말에 귀 기울일 필요가 있다. 목적지까지 최단거리를 보장하는 올곧은 직선로에 가뿐히 올라설 것인가? 아니면 끝을 알 수 없는 새로운 길을 찾아 무거운 발걸음을 내딛을 것인가? 식민 통치와 전쟁, 군사독재가 남긴 이 땅의 숱한 분쟁들이 제 언어를 찾지 못한 채 여전히 우리의 응답을 요청하며 책임을 환기시키는 지금, 리오타르 다시 읽기는 '더듬어' 길을 내는 작업이 되어야 한다. '경제 발전'을 위해서라면 모든 희생이 정당화되는 이 끔찍한 공간에서 말이다.

　마지막으로 '포스트모더니즘'의 번역에 관해 짧게 덧붙이고자 한다. 포스트모더니즘이라는 용어가 논의되던 초기에는 '탈현대성', '탈근대성', '후기 모던' 등등의 번역어가 포스트모더니즘의 성격을 어떻게 규정하느냐에 따라 각기 다르게 사용되어 왔으나, 그간 포스트모더니즘이라는 원어가 무리 없이 쓰였고, 또한 리오타르의 책이 '포스트모던의 조건'(또는 '포스트모던적 조건')이라는 제목으로 출간되어 널리 읽혀 왔다는 점을 고려하여, 이 글에서는 '포스트모더니즘', '포스트모더니티', '포스트모던'을 따로 번역하지 않은 채로 두었다. '모더니즘' 또한 따로 번역하지 않았는데, 이는 예술사조로서의 '모더니즘'이 한국에서 '근대주의'나 '현대주의'로 번역되어 사용되지 않는다는 사실을 따른 것이다. 굳이 번역하지 않는 편이 두 용어의 함의가 갖는 유사성과 차이를 동시에 드러내기에 더 수월하다는 점을 염두에 둔 불가피한 선택이기도 하다. 다만, '모더니티'와 '모던'은 포스트모더니티 및 포스트모던과 비교 논의되는 경우를 제외하고는, 문맥에 비추어 '근대', '근대성', '근대적' 등으로 옮겼다. 혼동의 소지가 있는 부분에서는 '근대성, 곧 모더니티' 식으로 함께 썼음을 밝힌다.

2008년 1월
옮긴이

차 례

왜 리오타르인가?

18

'포스트모던'의 사상가

장 프랑수아 리오타르Jean-François Lyotard(1925~1998)는 20세기 후반부에 등장한 걸출한 비판적 사상가이다. 리오타르는 무엇보다 포스트모더니즘과 포스트모더니티 분석의 토대를 마련한 인물로 잘 알려져 있으며, 앞으로 자세히 소개할 이 책의 주요한 주제 역시 이에 대한 분석이다. 이러한 주제들은 1979년에 발표된 『포스트모던의 조건 : 지식에 대한 보고서The Postmodern Condition : A Report on Knowledge』에서 구체화되었는데, 이후 이 책은 비평가들의 폭넓은 논의 대상이 된 것은 물론이고, 영문학, 문화 및 미디어 연구, 철학, 사회학 등 학위 과정에서 기본 텍스트로 활용되었다.

『포스트모던의 조건』은 포스트모던 이론의 근간을 이루는 텍스트로 손꼽히며, 초판이 간행된 이래 지금까지 지속적으로 영향력을 행사하고 있는 책이다. 이 책에서 리오타르는 짧게 씌어진 장章들을 연속적으로 배치하여 정부, 기업, 국제시장 등이 지식과 권력에 행사하는 지배력을 탁월하게 분석했다. 『포스트모던의 조건』은 이 책 1장의 제목이자 주제이기도 하다.

『포스트모던의 조건』 외에도 리오타르가 오랜 지적 여정 속에서 남긴 많은 저작들은 문화·정치·예술에 걸친 광범위한 관심사들을 보여 주며, 현재 인문학 연구에 종사하는 이라면 누구나 자극받을 도발적인 질문들을 던진다. 이 책의 목적은 독자들에게 오늘날의 세계와 관련된 리오타르의 가장 중요한 비판적 분석 몇 가지를 소개하고, 그의 포스트모던 철학을 설명해 보는 것이다.

정치, 정의, 자유 등에 의문을 제기하는 것은 리오타르 저작의 핵심적인 부분이다. 논의 대상이 예술 작품이든, 문학 텍스트이든, 신학적 논쟁이든, 심지어 세계의 종말에 관한 것이든지 간에, 리오타르는 언제나 그러한 것들이 불러일으키는 사회적 · 윤리적인 결과에 주목한다. 리오타르는 우리가 살아가는 사회 속에서 우리의 삶이 조직되고 통제되는 방식에 관심을 갖는다는 점에서 다른 무엇보다 정치철학자이며, 예술 · 문학 · 문화 등 그 모든 것에 대한 그의 분석은 이러한 맥락에서 이루어진다. 리오타르의 글은 기존의 신념, 정치적 신조, 문화적 실천을 끊임없이 의심하기에 불온하면서도 어렵지만, 그만큼 흥미롭고 독자의 영감을 불러일으킨다.

리오타르 저작의 상당수는 요즘 '포스트모던postmodern'이라고 불리는 것에서 생겨난 문제들에 초점을 맞춘다. 그가 늘 포스트모던이란 용어를 사용한 것도 아닌데 말이다. 그런데 포스트모던이란 말은 무슨 의미인가? 최근 포스트모더니즘은 평판이 다소 좋지 않다. 이는 현 사회에서 가치와 신념의 상실 및 어떤 판단이나 결정을 가능하게 하는 토대에 대한 거부라는 문제와 자주 결부된다. 포스트모던적인 글을 쓰는 작가들은 '무엇이든 좋다'는 당대의 사상, 즉 어떤 사람이 펼치는 논증은 더 이상 그 자체로 참眞일 수 없거나 단지 다른 논증들을 한데 모아둔 것에 불과하며, 사유의 목적은 그저 실험하고 그 자체를 즐기는 데 있다고 설파하는 이 사상을 신뢰한다는 이유로 빈번하게 비난받는다.

리오타르 철학의 관점에서 볼 때, 포스트모더니즘을 이렇게 해석하는 것은 끔찍한 일이다. 정치적·경제적 거대 권력과 다국적기업들의 자기 본위적인 선동으로 말미암아 포스트모더니티 속에서 진리와 정의가 침해되어 왔다는 생각은 리오타르도 인정하는 생각인 동시에, 그가 글을 쓰는 매 순간 맞서 싸우는 생각이다. 리오타르 역시 진실과 허위, 옳고 그름, 선과 악을 판단하는 보편적인 기준들이 대단히 의심스럽고 당연시되어서는 안 될 것이라는 점에 동의한다. 그러나 그럼에도 불구하고, 그는 그러한 절대적 규범이나 보편적 법칙이 부재하는 가운데 책임 있게 사유하고 행동하는 것의 의미가 무엇인지 끈질기게 문제를 제기한다.

리오타르는 단순히 절망('세계는 이해 불가능한 것이다. 내가 할 수 있는 것은 아무것도 없다.')에 빠지지도, 지적이고 정치적인 합의가 사라지는 것을 축복('규범이란 건 없다. 내가 뭘 하든 상관없다.')하지도 않는다. 그보다는 단지 세상을 좀 더 공명정대하게 만들 수 있도록 사유하고 행동할 수 있는 다른 가능성들을 발견하고자 예술과, 문화, 사회를 분석하는 새로운 방법들을 집요하게 탐색한다. 그래서 리오타르에게 포스트모던 사상가의 주 목적은 '무엇이든 좋다' 식의 소비주의에 명백히 내재된 가치들의 부재 현상 앞에, 그리고 다른 가치들보다 이익을 우선시하는 서구의 극에 달한 시장경제가 지닌, 겉보기에 저항이 불가능해 보이는 힘 앞에 동시에 맞서는 것이다. 이 모든 것은 하나같이 복잡한 문제들이지만, 각각 이 책의 내용을 통해 분명히,

그리고 매우 상세하게 다루어질 것이다.

리오타르의 지적 도전들은 인문학 전반에 영향을 미쳤다. 정치학도나 사회학도에게 리오타르의 사유는 사회를 바라보는 우리의 생각을 조직하고 분류하는 제도화된 과정들에 의문을 제기할 수 있는 일련의 방법들을 가르쳐 주었다. '분쟁the differend'이나 '비인간inhuman'과 같은 리오타르의 핵심 개념(각각 3장과 5장에서 다루어질 것이다.)은 사회적 · 정치적 정의를 재고해 볼 수 있게 하는 유용한 방법들을 제시하고, 그가 전 지구적 자본주의가 가져오는 파괴적 결과를 강조했다는 사실은 그의 사유가 당면한 세계와 절대적으로 상관성을 갖고 있음을 말해 준다.

철학자나 비평 이론가라면 리오타르의 글 속에서 과거와 현재의 가장 중요한 사상가들의 저작이 흥미진진하게 분석되고 재해석되고 있음을 발견할 수 있다. 특히 이마누엘 칸트Immanuel Kant(1724~1804), 헤겔G. W. F. Hegel(1770~1831), 프리드리히 니체Friedrich Nietzsche(1844~1900), 지그문트 프로이트Sigmund Freud(1856~1939), 마르틴 하이데거 Martin Heidegger(1889~1976), 그리고 최근 사상가들로는 파리에서 리오타르와 세미나를 함께하기도 한 프랑스 출신 정신분석학자 자크 라캉Jacques Lacan(1901~1981), 리오타르와 여러 편의 글을 같이 쓴 바 있는 철학자 질 들뢰즈Gilles Deleuze(1925~1995), 유명한 포스트모더니스트 사상가 장 보드리야르Jean Baudrillard(1929~2007)와 프레드릭 제임슨 Fredric Jameson(1934~) 등을 그 예로 들 수 있다.

현대 예술과 문화에 대한 리오타르의 폭넓은 관심은 문화와 예술의 정치적 · 철학적 중요성을 이론화하려는 리오타르 자신의 연구뿐 아니라, 예술사와 문화 연구 영역에서 이루어지는 작업들과도 특별히 연관되어 있다. 그리고 리오타르는 서사 구조, 미학, 언어의 정치적 성격 등도 분석하였는데, 이는 그가 특정한 문학작품을 논의하는 경우가 흔치 않았음에도 불구하고 최근 문학 연구에 관심 있는 누구나 그를 중요한 사상가로 꼽는 이유이다. 이와 같은 분야에 속한 모든 이에게 리오타르는 독특하고도 지적인 목소리와 함께 강력한 비판 도구들을 가져다주며, 이들이 학문적 규범과 구조에 문제를 제기할 수 있는 의지와 열린 자세를 가질 것을 요청한다.

리오타르의 지적 이력

『편력 : 법, 형식, 사건Peregrinations : Law, Form, Event』(1988)이라는 책에서 리오타르는 자신이 철학자가 되는 과정을 익살스럽게 그려 냈다. 어린 시절에 그는 진심으로 수도사, 화가, 역사가 중 한 사람이 되길 바랐다고 한다. 그러나 리오타르에 따르면, 파리의 명문 소르본 대학에 진학한 뒤로 그가,

정말로 아직 아들로서만 남아 있어도 충분할 나이에 곧 남편이자 아버지가 되었다는 것은 가족의 생계를 책임져야 하는 격한 상황에 내몰리게 되었음을 의미하는 것이었다. 다들 알겠지만, 수도사의 맹세를 말하기엔 이미 너무도 늦어 버렸다. 예술가로서의 경력을 쌓는다는 건 불행하게도 재능이 부족했기 때문에 가망 없는 바람이었다. 내 기억력이 명백히 떨어진다는 사실은 역사 쪽으로 돌아서려는 나를 확실히 낙담시키는 것이었

다. 그리하여 나는 알제리 동부의 프랑스 관할 지역 수도인 콩스탕틴의 한 고등학교에서 철학 교수가 되었다.(Lyotard 1988b : 1-2)

당시 프랑스의 식민지였던 북아프리카의 알제리에 도착하면서 리오타르는 프랑스 지배자들에 맞서는 알제리 노동자들의 투쟁에 가담하게 되었다. 이처럼 균열된 국가에서 치른 경험은 리오타르의 훗날 작업의 윤곽을 상당 부분 결정짓는 것이 되었다. 1954년에 리오타르는 '사회주의냐 야만이냐Socialisme ou Barbarie'라고 불렸던 혁명 단체에 가입하였는데, 이 단체는 카를 마르크스Karl Marx(1818~1883)의 사상을 재해석하고 실천에 옮기는 조직이었다.

마르크스의 주장을 아주 간단하게 요약하자면, 정치철학의 관점에서 볼 때 근대 자본주의 체제에서 노동자들은 자신들의 노동 조건을 통제할 수 있는 힘이 부족하기 때문에 억압되며, 따라서 혁명의 과제는 이 노동자들이 사용자들에 대항하여 봉기하고 체제를 전복시킴으로써 그들이 지지하는 사회에 대한 통제력을 갖도록 하는 것이다.

리오타르는 알제리의 상황에 대한 여러 편의 논쟁적인 글들을 썼고(이 글들은 『정치적 글쓰기Political Writings』(1993c)에 수록되어 있다.) 알제리 정부에 대항하는 나날의 투쟁에 참여하였는데, 계속된 투쟁은 점차 확대되어 전면적인 내전으로 번지기에 이르렀다.

그러나 리오타르는 마르크스주의의 영향에서 벗어나 자신만의 정치철학을 발전시키고자 1966년에 '사회주의냐 야만이냐'를 떠난다. 파리에 돌아온 리오타르는 당시의 정치 상황에 걸맞게 더욱 급진적인 성격을 띠도록 마르크스주의적 철학을 재구성하는 것을 목표로 여러

포스트모던의 사상가, 리오타르

'리오타르' 하면 포스트모던이 떠오르고, '포스트모던' 하면 리오타르가 떠오를 만큼 리오타르와 포스트모던 사상은 긴밀하게 연관돼 있다. 그가 촉발시킨 포스트모던 논쟁은 여러 평자와 작가들에게 논란을 불러일으켰다. 그러나 리오타르는 단지 진실과 허위, 옳고 그름, 선과 악을 판단하는 보편적인 기준들이 대단히 의심스럽다고만 말하지 않는다. 그는 그러한 절대적 규범이나 보편적 법칙이 부재하는 가운데 책임 있게 사유하고 행동하는 것의 의미가 무엇인지 끈질기게 파고든다.

권의 책을 내기 시작했다. 그러면서 1968년 5월 학생들이 주도하여 일으킨 반정부 시위에 적극 참여하였고, 그 결과 경제 전체와 특히 대학 제도에 내재되어 있는 권력과 지식 사이의 관계를 의심하게 되었다. 이러한 문제의식은 아마 리오타르의 저서 가운데 가장 복잡하고도 급진적인 책일 『리비도 경제*Libidinal Economy*』(1993a)의 출간으로 이어졌는데, 리오타르는 훗날 이 책을 두고 "내 사악한 책"이라고 명명한 바 있다.(1988b : 13)

『리비도 경제』는 유쾌하면서도 때로는 아주 도발적인 책으로서, 인간의 육체가 열리고 '거대하고도 순간적인 피막'을 만들고자 뻗어 나가는 양상을 자세하게 묘사하는 것에서 시작하여, 성적 욕망에 대한 분석으로 나아가, 도착倒錯의 형식으로서 자본주의와 마르크스주의를 비판하는 지점에서 절정에 달한다. 이 책은 5장에서 논의될 텐데, 그때 이 책에 담긴 격렬한 스타일을 맛보기로 보여 줄 수 있도록 본문의 일부를 길게 인용해 보겠다. 여기서 간단히 언급하고 넘어갈 만한 사실은 여러 면에서 『리비도 경제』가 포스트모던을 다루는 리오타르의 후속 작업으로 가는 발판이 되었다는 점이다.

이 작업은 1970년대 후반 세 권의 중요한 책이 출간되면서 결실을 맺는다. 『포스트모던의 조건』(1979), 『공정한 게임*Just Gaming*』(1979), 『분쟁*The Differend*』(1983)이 그것이다. 예술과 문화, 정치와 역사에 관한 중요한 글들을 담은 이 책들은 리오타르의 포스트모던적 사유의 기반이 되는 책들로, 이 책에서도 핵심적으로 다루어지게 될 것이다. 잇따라 저서들이 출간되고 그것들이 각국 언어로 번역되면서, 리오타르는 저작을 통해 세계의 사상가 및 작가들에게 영향을 끼치는 세계적 주요 인사로 자리매김했다.

리오타르의 후속 작업은 이러한 성과를 바탕으로 확장되어 당대의 정치, 예술, 문화를 사유하는 새로운 방법론들을 발전시키게 된다. 이 가운데 가장 영향력 있는 텍스트로는『비인간 : 시간에 대한 성찰들The Inhuman : Reflections on Time』(1988),『포스트모던의 조건』이후 씌어진 가장 중요하고 통찰력 있는 글들을 다수 수록한『포스트모던 해설The Postmodern Explained』(1988), 그리고『포스트모던 이야기Postmodern Fables』(1993) 등이 꼽힌다. 이 텍스트들은 본 책 전반에서, 리오타르의 포스트모던 관련 글에 등장하는 주요 개념과 그에 대한 접근 방법을 설명할 때 계속 언급될 것이다. 이 책들은 대체로 리오타르의 초기 저작에서 개진된 개념들에 기반을 두고 씌어졌지만, 그 과정에서 리오타르는 사회와 대면하면서 인식하게 되는 문제와 논점들에 따라 다르게 적용시킬 수 있도록 수시로 개념들을 변형시킨다.

리오타르의 후기 저작들은 특정한 텍스트나 작가에 좀 더 초점을 맞추었다. 리오타르는 종종 자신의 초기 저서에서 언명된 생각들을 재구성하여, 중요한 현대 작가들에 대한 놀랄 만한 '다시 읽기'를 생산해 냈다. 20세기 프랑스 소설가이자 모험가인 말로André Malraux(1901~1976)를 다룬『서명자 말로Signed, Malraux』(1996)와『방음실 : 말로의 반미학Soundproof Room : Malraux's Anti-Aesthetic』(1998), 집필 도중 사망하여 미완성으로 남은, 중세 기독교 신학자 성 아우구스티누스(354~430)에 관한 책『아우구스티누스의 고백The Confession of Augustine』(1998) 등이 그러한 책들이다. 이 같은 복합적 작업들은 포스트모던 비평이 행동으로 옮겨지는 것을 보여 주는 사례로서, 리오타르가 더 넓은 차원에서 이론을 적용할 때 문제되는 지점을 효과적으로 예증해 준다. 이 책들은 6장에서 더 자세히 소개할 것이다.

리오타르의 작업은 정의의 중요성에 관한 기존 개념과 의미에 끊임없이 불만을 제기하면서 형성되었다. 리오타르는 일반적으로 받아들여지는 사유와 정치 체계들에 지속적으로 문제를 제기하고, 심지어 자신의 이론조차 의심하려고 한다. 리오타르에게 사유와 행동이란 자신의 가치와 기능을 반성하면서 항상 제 자신을 거듭나도록 해야 하며, 필요한 경우 변해야 하는 것이다.

이런 이유로, 차이에 아랑곳하지 않고 모든 예술적·문화적 현상들에 두루 쓰일 수 있는 도구 상자 같은 '리오타르적 체계'라는 것은 존재하지 않는다. 그보다 리오타르는 비평이란 어느 작품에든 내재하는 독특한 것에 응답할 수 있도록 존재해야 하며, 자신을 새로운 사건들로서 재발명하고자 쉼 없이 노력해야 하는 것이라고 본다. 그가 많은 시간을 할애하여 사유 대상으로 삼은 실험적인 예술가들처럼, 리오타르에게 사유의 목적은 세계를 더 나은 곳으로 바꿀 만한 잠재력을 지닌 새로운 가능성들을 열어젖히는 것이다. 그리고 이러한 개방성이야말로 리오타르의 작업을 그토록 매력적이고 도전적이며 영감을 불러일으킬 수 있게끔 만드는 원동력이라 할 수 있다.

모던과 포스트모던

이 책에서 리오타르의 저작을 논할 때 중점적으로 사용하는 용어 두 가지는 '모던'과 '포스트모던'이다. 『포스트모던의 조건』 이후 모던과 포스트모던의 관계, 그리고 두 용어가 예술·철학·정치학에 제공하는 지적 자원들은 리오타르에게 중요한 논의 대상이 되었다. 모던과 포스트모던 그 어느 것도 정의하기 쉽지 않으며, 두 용어 모두 비평가들 사이에서 오래도록 논쟁의 대상이 되었으나 합의에 이르지 못했다.

이 책의 목적은 리오타르의 모던과 포스트모던 분석을 가능한 한 분명하고 이해하기 쉽게 설명하는 것이다. 그러나 리오타르가 두 용어를 사용하는 양상을 자세히 살펴보기 전에, 이 개념들이 다른 사상가들이나 비평가들 사이에서 어떻게 다루어지는지 간단하게 정리해보는 것도 괜찮을 것이다. 이를 통해 해당 용어들이 실질적으로 어떤 의미로 정의되어 사용되는지, 또한 현재 모던과 포스트모던에 대한 논쟁들이 어떤 맥락에서 이루어지는지 이해하는 것은 여러모로 유익하다.

모더니즘과 포스트모더니즘

'포스트모던'에서 '포스트post'는 포스트모던이 모던의 변용이라는 의미를 함축하고 있다. 즉, 모던 이후에 등장하고 모던을 대체하며 심지어 모던을 붕괴시키는 것이 포스트모던이라는 말이다. (그러나 리오타르는 이러한 정식화에 의문을 표한다. 이 문제는 2장에서 살펴볼 것이다.) 그러므로 모더니티와 포스트모더니티의 관계뿐 아니라, 모더니즘과 포스트모더니즘의 관계를 검토하는 것도 중요하다. (많은 비평가들은 이 두 관계가 서로 전혀 다른 것을 가리킨다고 본다.) 먼저, 비평가들이

'모더니즘'과 '포스트모더니즘'이라는 용어들을 사용할 때 의미하고자 하는 바는 무엇인지 살펴보자.

일반적으로 '모더니즘'은 20세기 초반에 본격적으로 전개된 예술 운동과 관련된 용어이다. 문학에서는 버지니아 울프Virginia Woolf(1882 ~1941), 제임스 조이스James Joyce(1882~1941), D. H. 로렌스D. H. Lawre -nce(1885~1930) 등의 소설가들이, 어떻게 새로운 서술 방식을 통해 다른 양상의 경험이 표현될 수 있는지 발견하고자 문학적 형식을 실험 대상으로 삼기 시작했다. 에즈라 파운드Ezra Pound(1885~1972)나 T. S. 엘리엇T. S. Eliot(1888~1965)과 같은 시인들은 새로운 세계를 형상화할 수 있는 새로운 시적 형식을 발전시키고자 애썼다.

미술에서는 입체파에서 원시주의Primitivism로, 인상주의에서 초현 실주의로 연속적으로 전개되는 다양한 운동들이 예술 작품의 존재와 당위에 관한 기존의 규범들에 도전했다. 개별 예술가와 운동들의 차이에도 불구하고, 모더니즘적 예술과 문학의 충동은 종종 파운드의 다음과 같은 금언으로 요약된다. '새롭게 하라.'

포스트모던 예술은 대체로 좀 더 최근에 등장한 작가나 예술가와 관련이 있는데, 일반적으로는 제2차 세계대전 이후에 활동하기 시작 한 이들이 이에 해당된다. 비평가들 가운데는 포스트모더니즘을 두고 모더니즘의 문화적 기획과의 단절이라고 말하는 사람이 많다. 이들은 포스트모던 예술이 반엘리트주의적인 면모를 띠며 고급 예술과 대중 문화의 차별을 부수는 데 열중한다고 보는데, 모더니스트들은 모더니 즘적 예술이 갖는 진지함을 유쾌하게 뒤집지 못했고, 소통을 꾀하고 자 다양한 재료와 스타일을 채택한 것이 오히려 실험을 더욱 형식적 차원에 국한시키는 결과를 가져왔다는 것이다.

예를 들어 캐나다 출신 비평가 린다 허천Linda Hutcheon에 따르면, 포스트모더니즘은 새로움을 향한 끝없는 충동 대신 과거에 대한 관심으로 돌아가는 지점을 보여준다.(Hutcheon 1988, 1989 참조) 그러나 허천은 포스트모던 예술과 문학에서 과거를 복구시키는 것은 역설적으로 과거의 전통을 교란시키고 현재를 문제화하는 데 활용된다고 주장한다. 샐먼 루시디Salman Rushdie 같은 작가는 이러한 방법을 사용하여 역사적 사건이나 문화적 전통을 낯설게, 심지어는 우스꽝스럽게 묘사하고, 이를 통해 새로운 질문들이 제기될 수 있도록 한다.

하나만 예를 들자면, 『한밤의 아이들Midnight's Children』(1981)에서 루시디는 인도가 영국의 식민 통치에서 벗어나고 이후 파키스탄과 분리되는 역사를 그려 내는데, 이 과정을 인도가 독립하는 바로 그때에 조국의 운명을 결정할 수 있는 마법적인 힘을 부여받고 태어난 아이들의 이야기로 서술한다. 이 소설은 일련의 전통적 스타일들을 의도적으로 한데 뒤섞어 사용하여 서사를 구성하고, 국제정치나 분쟁들은 '오이 피클 단지' 속의 내용물 같은 방식으로 다룬다.

이런 관점에서 보자면, 포스트모더니즘은 예술적 실험이 더욱 심화된 양상으로 나아간다는 점에서 모더니즘이 극단화된 것이라 할 수 있다. 몇몇 비평가들(이를테면 이글턴Eagleton(1996)이나 제임슨Jameson(1991) 등)이 보기에, 이 같은 실험은 너무 멀리 나아간 나머지 자기파괴라는 도피적 형식을 띠게 되면서 세계 및 정치와의 관련성을 상실하게 된다. 그러나 다른 비평가들(허천Hutcheon(1988, 1989)이나 엘람Elam(1992) 등)은 포스트모더니즘이 계급, 젠더gender, 인종, 정치에 대해 일반적으로 고정화된 관념들을 파열시킴으로써 중요한 비판적 기능을 유지할 수 있다고 본다.

모더니티와 포스트모더니티

'근대성', 곧 '모더니티modernity'라는 용어는 보통 '모더니즘modernism'과는 전혀 다른 것을 지시하는 데 사용된다. 모더니즘이 예술적 또는 문화적 현상이라면, 모더니티는 사회체제(법, 정치 등) 및 지식의 구조들(과학, 철학 등)과 더욱 관련되어 있다. 그렇기 때문에 모더니티는 사회적 경험의 모든 형태들을 설명하는 훨씬 넓은 범주라고 할 수 있다.

시기를 따져 보더라도 근대, 곧 모더니티의 시대는 20세기 전반부에 해당하는 모더니즘의 시대보다 훨씬 길다. 비평가들은 모더니티의 기원을 어디로 삼아야 할지 치열한 논쟁을 벌여 왔다. 일부는 그 기원을 르네상스 시기 유럽 문화의 형성에서 찾는데, 이때는 자본주의의 발달과 기독교(신교)의 전파, 봉건 질서의 해체를 목격한 시기이다. 한편 다른 쪽에서는 18세기 말부터 19세기 초에 이르는 시기에 모더니티가 생겨났다고 보는데, 이때는 미국의 독립과 프랑스 혁명을 거치면서 국가에 대한 근대적인 개념이 성립되고, 영국의 산업혁명, 철학에서 일어난 전환들, 심리학이나 사회학과 같은 근대 학문들이 다수 탄생한 시기이다. 모더니티의 기원에 관해서는 아마 이 두 가지 견해가 가장 널리 받아들여지는 설명일 테지만, 몇몇 논자들은 그 기원을 예수의 죽음과 같은 아주 이른 시점에서 찾거나 전쟁의 기계화라는 측면에 주목하여 제1차 세계대전처럼 아주 늦은 시점에서 찾기도 한다.

근대성, 곧 모더니티를 설명하는 모든 견해들의 공통점은 모더니티를 인간 존재가 제 자신을 다르게 인식하기 시작한, 특히 자신과 자신이 속한 공동체를 변화·발전·역사 등과 관련시켜 바라보기 시작한 기점으로 이해한다는 점이다. 독일 출신의 철학자 위르겐 하버마스Jürgen Habermas에 따르면, "모더니티는 미래가 이미 시작되었다는 신념을 표현한다. 모더니티는 미래를 향해 살아가는, 미래의 새로움에 스스로를 개방하는 시대이다."(Habermas 1987 : 5)

다른 말로 하자면, 모더니티는 사상과 과학 기술의 발전에 관한 것이든, 부富의 산출에 관한 것이든, 모든 이를 위한 정의에 관한 것이든지 간에 진보에 관심을 갖는다. 모더니티에서 사회란 지식과 과학 기술 분야에서 나타난 변화가 개인과 공동체의 경험과 정체성을 뒤바꿔 놓는 부단한 흐름, 혁신, 발전의 상태이다. 사유의 근대적 체계들은 사회와 대면하는 과정에서 제기되는 의문들에 보편적으로 적용될 수 있는 해답을 찾고자 노력하며, 상이한 집단들이 도출한 상이한 해답들은 주권主權을 갈망하는 정치체제와 조직들을 가능하게 하는 기초가 된다. 리오타르는 이와 같은 사유 체계들을 상세히 분석하는데, 모더니티에 관한 그의 견해는 1장과 3장에서 자세하게 설명할 것이다.

포스트모더니티는 이러한 사회체제의 근대적, 곧 모던적 형식을 의심한다. 종종 포스트모던 사상가들은 오늘날의 사회에서 지식과 세계를 체계화하는 근대적 방식들이 이미 낡았고 다시 생각해 볼 필요가 있다고 주장한다. 이를테면, 미국의 비평가 프레드릭 제임슨은 최근 자본주의가 국가 간 확장으로 공장 내 산업 조직에서 인터넷과 전 지구적 원격통신에 바탕을 둔 가상 거래로 발달해 가는 상황에서, 마르크스와 같은 19세기 저자가 발전시킨 방법은 재고되어야 한다고 주장한다.(Jameson 1991 참조) 마찬가지로 프랑스의 포스트모더니스트 장 보드리야르도 전 지구적으로 동일한 의사소통이 이루어지는 현실은 비판의 모든 근대적 형식을 구식으로 만들며, 이는 진리와 정의에 대한 물음들이 어떻게든 다시 제기될 수 있다면 기존의 것과 동일한 방식으로는 더 이상 제기될 수 없게 되었음을 의미한다고 본다.(특히 이 점에 대해서는 Baudrillard 1994, 1995 참조)

모더니티, 모더니즘, 포스트모던에 대한 리오타르의 사유는 앞서 밝힌 바와 같이 수많은 개념들을 이끌어냈지만, 그는『포스트모던의 조건』에서『비인간』에 이르는 여러 분석들을 통해 여기서 언급한 모든 사상가들에게 도전한다. 바로 다음 장부터 리오타르의 포스트모더니즘과 포스트모더니티 연구가 지닌· 본질을 소개할 것이다.

이 책에 관하여

이 책은 리오타르의 저작에 연대기 순으로 접근하지 않는다. 대신, 대부분의 학생이『포스트모던의 조건』으로 리오타르를 처음 접할 것이라고 간주하고, 포스트모더니티의 논의 과정에서 쟁점이 되는 부분을 명확히 부각시킨다는 목표 아래『포스트모던의 조건』을 자세하게 읽는 것부터 시작하게 될 것이다. 이어지는 각각의 장은 이 같은 포스트모던적 조건에 어떻게 철학적으로, 윤리적으로, 정치적으로 엄밀하게 대답할 것인가에 대한 리오타르의 주장들을 자세하게 탐구할 수 있도록, 분석 과정에서 제기되는 여러 논점들을 제시할 것이다.

2장은 리오타르의 작업 가운데서도 결정적인 범주에 속하는 '숭고 the sublime'를 분석하는데, 이를 위해 동시대의 예술과 문화를 다루는 리오타르의 중요한 글인 「질문에 답함 : 포스트모던이란 무엇인가?An Answer to the Question : What is the Postmodern?」를 꼼꼼히 읽을 것이다. 이로써 리오타르가 포스트모더니티라는 사회적 개념을 어떻게 문화론적인 포스트모더니즘과 연결시키는지 알게 될 것이다.

3장은『공정한 게임』과『분쟁』을 소개하면서 이 책들에서 전개된 중요한 논의들 몇 가지를 살펴본다.

4장은 포스트모던 역사에 무슨 일이 일어나는지 질문을 던지고, 그에 대한 리오타르의 몇 가지 답변을 점검한다.

5장은 다시 예술로 돌아와 리오타르가 예술의 정치성을 사유하며 내린 결론 중 일부를 설명하고, 그가 다룬 많은 예술가와 작가에 관한 글들을 짚어 본다.

6장은 비평에 대한 리오타르의 생각을 알아보고, 그가 생각하는 포스트모던 비평의 과제란 무엇인지 질문해 본다.

이 책은 리오타르의 저작들을 하나의 그림으로서 이해하고 이를 조금씩 완성해 가는 형식으로 구성되었으나, 독자들은 특정한 관심사에 따라 각 장을 건너뛰면서 읽을 수도 있다. '리오타르 이후'는 다른 비평가들이 리오타르의 견해를 수용하는 방식 몇 가지를 소개하고, 그의 작업이 끼친 영향을 평가하는 짧은 장이다. 이 책은 더 깊이 있는 공부에 필요한 몇 가지 제안과 함께 리오타르가 쓴 주요 저작들의 자세한 영역본 서지를 덧붙이는 것으로 마무리된다.

　리오타르의 모든 것을 짧은 분량 안에서 상세하게 다루는 것은 불가능하다. 이 같은 이유로 이 책에서는 독자들이 직접 리오타르의 저작을 접할 수 있게끔 도움을 주고자 노력했다. 그러나 이 책이 리오타르가 직접 쓴 텍스트를 읽는 것을 대체할 수는 없다. 오히려 이 책의 목표는 독자들이 더욱 자신감과 통찰력을 갖고 이 텍스트들을 접할 수 있도록 도와주는 것이다. 이는 매우 유익한 연습이 될 것이다. 리오타르를 읽는 것은 대단히 유쾌한 일이며, 우리가 사는 이 세계의 문화·사회·정치를 이해하는 데 그의 사유가 지닌 중요성은 결코 과소평가될 수 없다.

01

포스트모던의 조건

포스트모던 논쟁의 진원지

리오타르라고 하면 영어권 독자들은 '포스트모던'이라는 용어를 가장 자주 떠올린다. 이 장은 리오타르의 가장 영향력 있는 이론적 개입이라고 할 수 있는 『포스트모던의 조건 : 지식에 대한 보고서 The Postmodern Condition : A Report on Knowledge』를 살펴봄으로써, 1980년대에 시작된 포스트모더니즘 관련 논쟁들에 리오타르가 기여한 바를 탐구한다. 리오타르를 처음 접하는 독자들에게 길을 열어 줄 수 있도록 여기서는 리오타르 책의 핵심적인 주장들을 소개하고, 우리가 지금 이 시대에 생각하고 행동하는 방식에 대한 리오타르의 분석이 지닌 함의를 고찰하고자 한다.

1970년대 후반 무렵, 리오타르는 캐나다의 프랑스어 사용 지역인 퀘벡 주 정부의 대학협의회에서 보고서 하나를 작성해 달라는 청탁을 받는다. 보고서의 주제는 20세기 후반 세계에서 가장 선진화된 사회들에서 지식이 차지하는 위상에 관한 것이었다. 다시 말해, 리오타르가 부탁받은 보고서는 과학, 테크놀로지, 법, 대학 체계, 기타 등등 세계를 인식하고 관계하는 갖가지 방법들이 오늘날의 사회에서 어떻게 이해되고 평가되는지를 밝혀 달라는 것이었다.

1979년 이 프로젝트가 종결되면서 나온 책이 바로 『포스트모던의 조건』이다. 이 책은 문화적 측면에서 의미심장하고 영향력 있는 텍스트로서 순식간에 가장 널리 읽히는 리오타르의 책이 되었고, 또한 그의 가장 논쟁적인 저서 목록에 올랐다. 출간 이후 이 책은 예술사, 사회학, 정치학, 문학 연구를 아우르는 다양한 분과 학문 영역에서 언급되는 책이 되었고, 포스트모더니티와 포스트모더니즘을 다루는 수많은 최신 논의들의 기반을 닦았다.

이 책은 각 영역에서 논쟁과 토론을 불러일으켰는데, 이는 해당 분과 학문이 작업하는 방식들에 영향을 주었다. 한편 많은 저자들이 포스트모더니티를 정의하고자 『포스트모던의 조건』을 언급했지만, 이 책이 서술한 당대의 문화와 정치에 대한 부분 역시 커다란 논란거리였다. 심지어 리오타르 자신조차 후기 저작에서 이를 문제 삼을 정도였다. 이 책이 펼치는 주장들은 우리가 결코 무시할 수 없는 것들이지만, 이 주장들이 내린 결론들은 능동적으로 의심해 보는 것이 바람직하다. 이를 위해서라도 리오타르의 보고서를 세세하게 파악할 필요가 있다.

『포스트모던의 조건』에서 가장 빈번하게 인용되고 논의되는 주장은 포스트모던을 "메타서사들metanarratives에 대한 불신"(Lyotard, 1984a : xxiv)이라고 정의한 부분이다. 이 진술은 종종 화젯거리가 되었으나, 그만큼 너무도 많이 오해된 대목이기도 하다. 리오타르가 '포스트모던'이나 '메타서사' 등의 용어를 쓸 때 그가 의미하는 바를 단순히 짧게 정의하는 것보다는, 이 같은 진술이 책 전체에서 어떻게 드러나는지 이해하는 것이 중요하다.

지식에 대한 보고서

『포스트모던의 조건』을 처음 읽을 때 가장 좋은 방법은 "지식에 대한 보고서"라고 되어 있는 이 책의 부제를 면밀히 살펴보는 것이다. 리오타르의 다른 저작들처럼, 책이 무엇을 말하는지를 이해하는 것만큼이나 그것이 씌어진 방법에 주의를 기울이는 것이 중요한데, 『포스트모던의 조건』에 달린 부제는 보는 즉시 이 책의 내용과 형식을 이해하는 결정적 단서가 된다.

먼저, 부제에는 '보고서'라는 말이 씌어 있다. 일반적으로 보고서란 것은 특정 주제에 관한 조사 결과를 형식에 맞게 진술한 것이다. 대개 해당 주제의 전문가들이 보고서 작성을 맡는데, 이들은 특정한 결론을 도출해 내고자 사용 가능한 증거들을 여러 차원에서 수집하여 보고서를 작성한다.

보고서로서 『포스트모던의 조건』의 성격은 작성된 방법에서 이미 명백히 드러난다. 이 글을 읽을 때 무엇보다 눈에 띄는 것은 유럽과 북미 각국에서 발간된 수많은 책, 논문, 강의, 정부 문서 등 수많은 자료들이 200개 이상의 각주 속에 포함되어 증거 구실을 한다는 점이다. 리오타르는 이와 같은 광범위한 자료들을 본문 안에서 종합하고 있는데, 본문은 대체로 추상적으로 씌어 있고 특정한 사건들에 관한 구체적인 사례들은 상대적으로 극소수만이 언급될 뿐이다. 달리 말하자면, 『포스트모던의 조건』의 본문은 주석에서 언급된 자료들을 축약해서 보여 준다. 『포스트모던의 조건』의 목적은 상이한 자료들 사이에서 근본적인 추세와 관련성을 발견하고, 동시대의 서구 사회에서 지식이 발달하는 양상을 가능한 한 명료하게 포착하는 것이다.

부제의 또 다른 핵심어는 '지식'이다. 리오타르는 자신이 "가장 선진화된 사회에서의 지식의 조건"(1984a : xxiii)을 연구한다고 밝혔는데, 이것이 뜻하는 바는 무엇인가? 이를테면 런던의 대중교통 체계에 관한 보고서나 학교 입학 첫해 동안 나타나는 아이의 발달 과정을 다룬 보고서의 요점은 매우 간단하다. 두 경우 모두 결론을 뒷받침하는 데 써먹을 만한 뚜렷한 증거가 있게 마련이다. 아마 버스가 보통 얼마나 늦게 오는지, 학년 말 치른 수학 시험 성적이 어느 정도인지 등등을 살펴보면 될 것이다. 그렇다면 '지식의 조건'에 관한 보고서는 무엇을 말해야 하는 것인가? 그것이 오늘날 우리가 아는 것이 얼마나 되는지에 관한 문제가 아닌 것만은 확실하다. 『포스트모던의 조건』은 물리학, 동물학, 컴퓨터 과학의 최근 발전 양상을 열거한 책이 아니다. 이 책에서 문제가 되는 것은 훨씬 근본적이고 중요한 것이다.

리오타르의 초점은 지식의 '본질'과 '위상', 곧 지금 이 사회에서 지식이란 무엇이며, 어떻게 나타나서 조직되고 사용되는지를 규명하는 데 맞추어져 있다. 다른 말로 하자면, 『포스트모던의 조건』은 선진화된 사회들이 교육, 과학, 테크놀로지, 연구 개발을 취급하는 방법들에 관한 보고서이다. 리오타르는 어떤 종류의 지식이 가치 있는 것으로 평가되는지, 지식이 어떤 방식으로 소통되는지, 어떤 사람이 지식에 접근하는지, 지식은 어떤 용도로 사용되는지, 누가 지식의 흐름을 정하고 통제하는지, 지식이 어떻게 세상을 살아가는 우리의 삶과 경험을 규정하는지 조사한다.

따라서 『포스트모던의 조건』의 부제가 던지는 핵심적인 질문은 다음과 같다. 사람들의 삶과 정체성이 어떻게 작금의 앎의 구조 속에서 구성되는가? 리오타르에 따르면, "사회가 이른바 후기 산업 시대로, 그리고 문화가 이른바 포스트모던 시대로 접어들면서 지식의 위상이 변화하고 있다."(1984a : 3)는 점에서, 이는 근본적인 질문이다. 이 질문은 『포스트모던의 조건』의 중심 가설이며, 이 책의 목적은 이 가설이 옳은지 검토해 보고 그 함의를 서술하는 것이다.

포스트모던한 지식

리오타르는 제2차 세계대전 이후 나타난 의사소통 과정의 발전이 단지 지식이 전달되는 과정뿐 아니라 지식의 위상 자체에도 영향을 미쳤다고 주장한다. 이는 단지 우리가 컴퓨터에 더 많은 정보를 저장할 수 있고, 우편이나 전화, 이제는 이메일 등으로 세계 곳곳에 소식을 전달할 수 있게 되었음을 뜻하는 것만은 아니다. 이는 또한 정보 저장과 의사소통 과정에서 나타난 변화들이 우리가 지식을 사용하고, 그것에 가치를 부여하는 방법을 변형시키고 있음을 의미한다. "기계들이 소형화・상업화되면서, 지식이 습득되고 분류되며 사용 가능하게 되고 활용되는 방식이 이미 변화하고 있다."(1984a : 4) 즉, 리오타르가 '포스트모던의 조건'이라고 부르는 것 안에서 지식은 그 자체로 변화해 왔다.

리오타르는 지식이 시장에서 사고팔 수 있는 상품이 되어 왔으며, 또한 사회적 권력을 이루는 기초가 되고 있음을 보여 준다. "생산력에 필수 불가결한 정보 상품 형식의 지식은 권력을 쟁취하려는 전 세계적 경쟁에서 이미 중요한 부분이 되었으며, 어쩌면 가장 중요한

부분이 되었을지도 모른다. 그리고 앞으로도 중요할 것이다."(1984
a : 5) 최강대국이란 최고의 과학 기술, 가장 진보한 의사소통 수단과
무기 체계, 최고도로 발달된 의학과 경쟁국들에 대한 가장 세부적인
정보를 수집할 수 있는 수단 등 가장 풍부한 지식 자원을 보유하고
있는 국가이다. 석탄이나 가스, 석유 같은 자원들을 얻고자 그러했듯
이, 권력을 향한 전 지구적 경쟁은 이제 지식을 선점하려는 싸움으
로 진행되고 있다. 리오타르는 과거에 각국이 석유와 같은 연료나
땅을 두고 싸웠던 것처럼, 말 그대로 지식을 두고 전쟁을 벌이는 때
가 오리라고 예측한다.(1984a : 5)

　다른 한편으로, 리오타르는 이러한 새로운 지식 기반 경제가 도래
함에 따라 기존 국가들은 가장 중요한 집단으로서 가졌던 권력의 지
위를 상실해 가기 시작했다고 주장한다. 컴퓨터 업체, 정유회사, 제약
산업 등과 같은 다국적기업들은 지식 그 자체가 상품이 되는 주요
품목들로 개별 국가들의 권력을 대체해 가고 있다. 이 다국적 기업들
은 막대한 자금을 연구에 투자하고, 자신들이 생산한 지식, 곧 돈을
버는 데 사용되는 지식의 소유권을 주장하고자 특허법을 활용한다.

　이와 관련하여 보면, 리오타르의 주장은 많은 사람들이 1980년대
와 90년대에 일어났다고 보는 변화들을 특별히 예감했던 것처럼 들
린다. 다국적 기업들의 영향력이 개별 국가 정부의 정책 결정 과정에
깊숙이 침투하고, (종종 이런 기업들의 대표자들로 구성되는 위원회에서
입안되는) 국제 협약들은 이제 세계 각국의 법적 제도와 문화 정책에
지시를 내리며 협박한다.(이러한 과정을 설명한 쉽고 영향력 있는 책으로
나오미 클라인Naomi Klein의『로고는 없다No Logo』(2000)와 조지 몬비오트

George Monbiot의 『포로가 된 국가*Captive State*』(2000)를 들 수 있다.)

　이러한 상황을 잘 보여 주는 사례를 하나만 들어보자. 2001년에 남아프리카공화국 정부는 에이즈 치료제에 대한 특허권을 침해하였다는 이유로 특허권을 지닌 제약회사들에게 집단소송을 당했다. 이 약의 실제 조제비는 소액이기 때문에 남아프리카공화국 정부는 자국 안에서 값싸게 약을 생산할 수 있었겠지만, 제약회사들이 보호하고자 한 건 이 약을 연구하고 개발하는 데 들어간 투자비였다. 이 사례에서 알 수 있는 것은 다국적기업들에게 상품은 지식 그 자체라는 사실이다. 남아프리카공화국 정부는 에이즈 치료제 생산이 나라 재정을 파탄시키지 않고 시민들의 삶을 구제하려 한 시도였다고 주장했으나, 지식을 훔치고 제약회사들의 이익을 가로챘다는 혐의로 피소되었다. 결국 조금 싼 값에 약을 살 수 있도록 허용하는 것으로 합의는 이루어졌지만, 한 국가가 특허를 침해했다는 명목으로 사적 기업들에 의해 법정에 세워질 수 있다는 사실은 지식의 소유권이 어떻게 정치적으로 민감한 문제가 되는지 보여 준다.

　이와 같은 사례가 증명하는 또 하나의 사실은 학문과 지식이 정치 및 윤리와 별개의 것이 아니며, 오히려 철저하게 정치적이라는 것이다. 그러므로 현재 진행되고 있는 지식의 위상 변화는 사회와 인간 경험의 본질에서 일어나는 변화를 가리키는 것이라 할 수 있다. 『포스트모던의 조건』이라는 책으로 리오타르가 작성한 지식에 관한 보고서에서 문제가 되는 것은 정확히 이러한 정치적 변화이다. 포스트모더니티의 조건을 형성하는, 지식과 정치 조직에 나타난 변화를 분석하고자 그가 선택한 방법은 '언어 게임language games'

개념을 이용하는 것이다.

언어 게임, 정당화와 정체성

리오타르는 앞서 설명한 지식의 발전과 관련하여 두 가지 중요한 측면이 있다고 주장한다. 하나는 사회에서 폭넓은 함의를 지닌 학문에 나타나는 진전이다. 이는 남아프리카공화국의 에이즈 치료제 사건의 예에서 명확해진다. 제약회사의 연구는 돈과 권력, 인간의 고통과 직결된다. 이것은 단지 과학적 발견 그 자체의 문제가 아니다. 일반적인 관계에서 볼 때, 이는 연구 과정에서 나타난 진전이 개인의 일상뿐 아니라 사회적 정책들의 다른 영역에서도 함의를 갖게 되는 것이 당연함을 말해 주는 것이다. 지식의 발전에 관한 두 측면 가운데 다른 하나는 다음과 같은 사실에서 도출된다. 사회에서 통용되는 지식을 분류하는 상이한 유형들이 존재하고, 이 유형들은 각기 유용함 또는 참眞으로 범주화되는 상이한 기준을 가지며, 각각 상이한 방식으로 검증되어야 한다는 것이다.

『포스트모던의 조건』에서 리오타르는 담론의 두 가지 주요 유형을 구별한다. 과학적scientific 지식과 서사적narrative 지식이 그것이다. 리오타르는 "과학적 지식은 지식의 전체를 대표하지 않는다. 그것은 언제나 …… 서사적인 것과 함께 존재해 왔다."(1984a : 7)고 주장한다. 리오타르에게 서사narrative라는 것은 공동체가 자신의 현존과 역사, 그리고 미래에 대한 포부를 제 자신에게 전하는 이야기이다. '서사'라는 용어가 대개는 문학적 허구와 관련하여 쓰이기는 하지만, 담론의 모든 형식은 자기 견해를 나타내려 서사를 사용한다. 그 예로 과거의 서사를 구성하는 역사학[History], 자아에 관한 이야기를 들려주는 심리학[Psychology], 서로 다른 사회구성체들과 그것들이 개인에 미치는 영향들을 묘사하는 사회학[Sociology] 등을 들 수 있다. 마찬가지로 과학적 진술도 물질세계를 묘사하는 서사 유형들로 제시된다. 심지어 수학조차도 새로운 발견을 설명하고 정당화하려면, 방정식을 서사로 변신시켜 결과의 함의를 해석하지 않으면 안 된다. 이러한 방식으로 서사는 인간의 경험과 사회를 가능케 하는 기본 원리가 된다. 서사는 우리가 누구인지 말해 주며, 우리가 믿고 바라는 바를 표현할 수 있도록 한다.

물론 상이한 담론들에서 사용되는 서사의 상이한 유형들은 상이한 규칙들을 따른다. 물리학이든 화학이든 문학이든 법이든 관습이든, 심지어 잡담이든 간에, 사회의 지식을 구성하는 상이한 담론들은 모두 정당한 진술인지 아닌지를 판단하는 상이한 규칙들을 갖는다. 『포스트모던의 조건』에서 리오타르는 이러한 상이한 담론들을 가리켜 '언어 게임'이라고 부른다. '언어 게임'은 오스트리아 출신의 유명한 철학자 루드비히 비트겐슈타인Ludwig Wittgenstein의 개념에서 가져온 것이다.

비트겐슈타인 철학의 언어 게임 개념에서, 리오타르는 언어 게임의 세 가지 특성에 주목한다. 첫째, 언어 게임의 규칙은 "명시적이든 그렇지 않든지 간에, 〔게임에 참여하는〕 경기자들의 계약 대상이다."(1984a : 10) 이는 특정한 언어 게임의 규칙은 시나 생물학의 경우와 마찬가지로 자연적인 것이 아니라 공동체에 의해 결정된다는 것

을 의미한다. 둘째, "모든 발화utterance는 게임 안에서 하나의 '수手·
move'로서 간주되어야 한다."(1984a : 10) 셋째, "규칙이 없으면 게임도
없으며, 미세하게나마 게임의 규칙이 바뀌면 게임의 본질도 바뀐
다."(1984a : 10) 즉, 모든 언어의 '수'는 규칙을 준수하지만, 이처럼 수
를 자신의 일부로 삼는 게임은 다른 게임들이 일으키는 변화와 영향
에, 심지어 해당 게임 안에서 진행된 수가 가져온 결과에 개방되어
있다는 것이다.

리오타르는 언어 게임의 이러한 세 가지 특성에 주목하여, "사회적
유대는 언어의 '수들'로 이루어진다."고 주장한다.(1984a : 11) 사회의
근본 구조는 그 안에서 이루어지는 진술들과, 특정한 수가 정당한지

비트겐슈타인과 언어 게임　비트겐슈타인Ludwig Wittgenstein(1889~1951)은
　　　비엔나에서 태어나, 1911년에 케임브리지로 건너가서 논리와 언어
　　　에 관한 선구적인 분석들을 발전시켜 나간다. 비트겐슈타인의 가장
　　　영향력 있는 저서로는, 겉보기에 해결되기 어려워 보이는 철학적
　　　문제의 대부분이 언어가 그린 그림을 제대로 해석하지 못하는 데서
　　　비롯된다고 주장한『논리-철학 논고Tractatus Logico-Philosophicus』(1921)
　　　와, 사후에 출간된『철학적 탐구Philosophical Investigations』(1953)가 있
　　　다.『철학적 탐구』에서 비트겐슈타인은 의미란 자연적이고 고정된
　　　것이 아니라, 화용話用·pragmatic(구체적인 상황에서 말들이 갖는
　　　용법에 근거하는 접근 방식으로서, '행위'를 뜻하는 그리스어
　　　'pragma'에서 유래하였다.)으로써 결정되는 것이라고 주장한다. 즉,
　　　"언어에서 한 단어의 의미는 그것의 사용이다."(1967 : 20)라는 것인
　　　데, 이 말은 단어의 의미란 사물의 표지로서 고정되어 있다기보다
　　　는 단어가 행하는 바에 따라 결정된다는 점을 함축한다. 따라서 언
　　　어는 일상생활에서 능동적인 부분을 이루며, 우리는 주변 사람이나

정당하지 않은지를 결정하고자 사회 구조가 발달시키는 규칙들로써 구성된다. 각각의 게임 유형이 제각기 규칙을 갖듯, 각각의 사회는 다양한 형식의 정치·법·정당화 체제를 갖는다. 주체로서 우리는, 우리가 누구인지를 결정하는 서로 다른 일련의 규칙들을 지닌 이와 같은 언어 게임들의 연속체 내부에 존재한다. 리오타르에 따르면,

> 자아는 대단치 않지만, 어떤 자아도 섬[처럼 고립되어 있는 것]은 아니다. …… 이름 때문일지라도 어린아이는 태어나기 전부터 주변 사람들이 말하는 이야기의 지시 대상으로서 이미 설정되어 있는데, 어린아이는 이와 관련하여 자신의 진로를 계획하지 않을 수 없다.(1984a : 15)

사물에 영향을 끼치려고 말을 사용한다. 이러한 견해를 설명하고자, 비트겐슈타인은 '언어 게임' 이론을 발전시킨다.

일반적인 게임들이 그렇듯이, 무수히 존재하는 언어 게임들이 항상 공통되는 규칙을 갖는 것은 아닐 수도 있다. 예를 들어, 체스에는 말piece을 이동시키는 방법, 승리를 위해 말을 배열하는 방법, 금지되어 있는 몇몇 수move 등을 규정하는 규칙들이 있다. 이는 과학에서도 마찬가지인데, 어떤 유형의 진술은 세계 일반에 적용될 수 있지만, 어떤 목적과 규칙은 과학적 조사 및 실험에만 관련된다. 그렇기 때문에 주어진 진술의 성패는 그 진술이 발생하는 언어 게임의 규칙들 안에서 얼마나 제대로 작동하는지의 여부에 달렸다. 각각의 언어 게임마다 규칙들은 경기자들 사이의 화용론적 동의를 통해 결정되는데(이를테면, 적절한 연구가 무엇인지에 대해 과학 공동체 내부에서 이루어지는 동의), 이는 대체로 게임이 설정한 공동체의 목적들을 촉진시키는 것을 목표로 한다.

사회 안에서 이루어지는 지식의 조직은, 그로 인해 지식을 구성하는 사람들의 자아상, 관념, 열망 등과 같은 정체성을 결정한다. 그렇다면 곧바로 의문이 제기된다. 이 같은 '지식의 조직'을 어떻게 이해해야 하는가? 각각의 언어 게임은 사회 안에서 다른 것과 어떻게 연관되는가? 언어 게임이 해당 사회에서 차지하는 중요성은 어떻게 결정되는가? 그리고 각각의 사회는 사회를 구성하는 언어 게임의 조직 방법을 왜 서로 달리하는가? 리오타르는 이 질문에 대한 대답으로 이 장의 서두에서 언급했던 용어를 제시한다. 서사와 언어 게임을 조직하는 것은 '메타서사'이다.

메타서사

용어의 함의('메타meta'라는 접두어는 상위 질서에 속하는 어떤 것을 의미한다. 예컨대 언어학에서 메타언어는 다른 언어의 작동을 기술하는 데 쓰이는 언어를 말한다.)에서 알 수 있듯이, 메타서사는 서사와 언어 게임의 규칙을 설정한다. 이는 메타서사가 언어 게임을 조직하고, 언어 게임에서 이루어지는 각각의 진술이나 언어의 '수'의 성패를 결정한다는 것을 의미한다. 리오타르는 『포스트모던의 조건』에서 많은 메타서사들을 제시하고 이들이 지식을 조직하는 여러 방법들을 기술한다. 리오타르가 보기에, 근대성, 곧 모더니티의 근간은 메타서사 조직의 특정한 유형이다. 리오타르가 포스트모던을 "메타서사들에 대한 불신"(1984a : xxiv)이라고 정의하는 것을 이해하려면 메타서사가 무엇이고 어떻게 기능하는지에 익숙해지는 것이 좋을 것이다.

리오타르는 초기 인간 사회가 성립되어 지금에 이르기까지 서사는 줄곧 "관습적 지식의 핵심적인 형식"이었다고 주장한다.(1984a : 19) 서사를 조직하는 가장 전통적인 형식의 사례로서, 리오타르는 남아메리카의 아마존 강 상류에서 생활하는 카시나와족을 소개한다. 카시나와족은 자신들의 모험을 들려주는 데 일정한 공식을 따르는데, 이 이야기들은 다음과 같은 말들로 시작된다. "이러저러한 이야기가 있다. 내가 늘 들어 온 이야기이다. 이번에는 내가 여러분에게 이 이야기를 들려주겠다. 들어 보라." 이 같은 방법으로 이야기는 항상 과거에서부터 전해 내려와 현 공동체에 이른다. 이야기가 끝날 때는 또 다른 공식화된 진술이 뒤따른다. "이러저러한 이야기는 여기서 끝난다. 여러분에게 이야기를 들려준 사람은 누구누구(카시나와 이름)이며, 백인식으로는 누구누구(스페인 또는 포르투갈식 이름)이다."(1984a : 20-1) 이러한 진술을 통해, 이야기를 전달하는 사람은 자신을 부족의 옛 영웅과 연결시킨다. 두 이름은 과거와 현재의 결속으로서 한데 나타나는 것이다.

이러한 이야기 전달 형식은 카시나와 사회의 의식儀式과 구조를 구성한다. 카시나와 사람들은 이야기를 통해 역사적 지식을 공유하고, 집단으로서의 정체성을 다지며, 누가 이야기를 하고 누가 이야기를 들어야 할지 결정하는 규칙으로 사회에 질서를 부여한다. 리오타르에 따르면, "이런 이야기들을 통해 전달된 지식은 …… [누군가] 들을 수 있도록 무엇을 말해야 하는지, 말을 하려면 무엇을 들어야 하는지, 서사의 대상이 되려면 …… 어떤 역할을 수행해야 하는지 단번에 결정한다."(1984a : 21) 공동체의 각 구성원은 체제 안에서 화자로서, 청중으로서, 이야기 속 주인공으로서 각기 자리를 부여받게 되며, 이로써 그들의 정체성과 욕망이 구체화된다.

리오타르에 따르면, 이는 전근대적, 곧 전前모던적 문화에서 공통적으로 발견되는 메타서사 조직의 유형이다. 한편, 과거(이야기 그 자체)와 현재(이야기하기)의 관계에 바탕을 둔 이것과는 다른 형식으로서, 리오타르는 메타서사의 또 다른 형식을 설명한다. 바로 근대, 곧 모더니티의 거대 서사들이다. 리오타르가 보기에, 모더니티는 인간의 진보를 묘사하는 거대 서사에 의존하여 정의된다. 전통적 메타서사와 근대적 거대 서사의 차이는 후자가 사회(흔히 인류의 총체라고 여겨지는)의 현안들이 해결될 지점으로서 미래를 지향한다는 점에서 비롯된다. 『포스트모던의 조건』에서 리오타르는 근대적 메타서사의 주요 유형을 크게 두 가지로 구분한다. 사변적 거대 서사와 해방(또는 자유)의 거대 서사가 그것이다.

사변적 거대 서사는 19세기 초의 독일 철학에서 그 기원을 찾을 수 있는데, 그것의 가장 정교한 형식은 헤겔의 저작에서 발견된다.

사변적 거대 서사의 핵심은 인간의 삶, 혹은 헤겔이 말하는 '정신 Spirit'이란 것이 지식을 쌓아 감으로써 진보한다는 것이다. 철학은 서로 다른 모든 언어 게임들을 집결시켜 "정신의 보편 '역사'"(1984a : 34)를 드러내고자 한다. 리오타르에 따르면, 결국 모든 지식은 철학 체계와 연계되며, "참眞인 지식은 …… 자신의 정당성을 보증하는 주체의 메타서사 속에 포함되어 보고된 진술들로 되어 있다."(1984a : 35) 사변적 거대 서사에 의거하면, 모든 가능한 진술들은 단일한 메타서사 아래 한데 집결되고, 메타서사의 규칙에 따라 그 진실성과 가치가 판단된다. 사변적 서사를 이렇게 설명하는 것은 "진리는 전체"(Hegel, 1977 : 11)라는 헤겔의 주장을 따른 것인데, 이 말은 어떤 진술이나 언어 게임의 진위 여부가 지식 전체와 관련하여 결정됨을 의미한다. 이때 지식 전체란 사변적 거대 서사이다.

근대적 메타서사의 두 번째 유형은 해방의 거대 서사이다. 지식 그 자체가 목적인 사변적 거대 서사와 달리, 해방의 거대 서사는 지식이 인간 자유의 기초가 되기 때문에 지식을 가치 있는 것으로서 제시한다. 이때 "인류는 자유의 주인공이다. 모든 이는 과학에 접근할 권리

헤겔　게오르크 빌헬름 프리드리히 헤겔Georg Wilhelm Friedrich Hegel(1770~
　　　1831)은 철학사에서 가장 영향력 있는 사상가 가운데 한 사람이다.
　　　근대성, 곧 모더니티에 대한 가장 명료하면서도 강력한 공식은 헤
　　　겔의 저작에서 찾아볼 수 있다. 헤겔은 철학적 사유로써 세계를 이
　　　해할 수 있다고 본다. 헤겔이 '사변적 변증법'이라고 명명한 이 사
　　　유는 개념들의 체계를 통해 합리적으로 설명 가능한 것으로서의 실
　　　재와 역사를 제시한다. 헤겔의 변증법은 개념과 물질적 실재 사이
　　　의 관계가 끊임없이 전복되는 과정을 묘사한다. 변증법은 세 단계
　　　를 거치게 되는데, (1)하나의 개념은 고정되고 명료한 것으로 간주
　　　되지만 (2)그것이 활동하는 양상을 자세히 분석해 보면 그 안에서
　　　모순이 출현하고 있음을 알 수 있으며 (3)그 결과 원 개념과 모순을
　　　한꺼번에 포함하는 상위 개념이 생겨난다. 이는 지식이 항상 진보
　　　하고 있음을 뜻하는 것이다. 지식이 향하는 목적지는 헤겔이 '절대
　　　the Absolute'라고 부르는 지점이다. '절대'를 통해 개념과 실재 사이
　　　에 존재하는 모든 모순과 대립은 철학적 지식의 체계 안에서 조화
　　　를 이루게 된다. 철학 체계에 관한 이 같은 견해는 『정신현상학』
　　　(18 07), 『논리학』(1812~16), 『철학백과』(1817~27) 등 헤겔의 여
　　　러 저작들에서 논의되었다.

를 갖는다."(1984a : 31) 리오타르가 보기에, 해방의 거대 서사는 1789년의 프랑스 혁명과 함께 시작되었다. 혁명 이후 프랑스에서는 보편교육이야말로 신비주의와 압제의 사슬에서 모든 시민을 자유롭게 하는 수단으로 여겨졌다. 해방의 거대 서사에서 지식은 억압에 맞서는 자유의 기초가 되며, 지식의 발전이 가치 있는 이유는 지식이 인류를 고통에서 벗어나게 하기 때문이다. 한편 진리의 기초는 도덕성이다. "지식은 더 이상 주체 그 자체가 아니라, 주체에 봉사하는 어떤 것이다."(1984a : 36)

해방의 거대 서사는 지난 몇 백 년간 여러 가지 형식을 취해 왔다. 계몽주의 시대에 해방의 거대 서사는 자신들의 삶을 박탈당하고 성직자의 손에 권력을 넘겨줘야 했던 사람들을 종교적 미신에서 자유롭게 하는 이상에 초점을 맞췄다. 반면, 마르크스주의에서는 노동자가 사용자의 착취에서 벗어나 자신만의 삶을 영위할 수 있는 능력을 향상시키는 것에 초점을 맞췄다. 어떤 형태로 나타나든지 간에, 이러한 거대 서사의 유형이 지향하는 목표는 계몽된 인류를 독단, 신비주의, 착취, 고통에서 해방시키는 데 있다.

사변적 거대 서사와 해방적 거대 서사가 바로 『포스트모던의 조건』에서 논의되는 중요한 거대 서사의 두 유형이다. 둘은 상당히 다르지만, 유사한 구조를 공유하기도 한다. 각 거대 서사에서 서로 다른 지식의 영역들은 사회의 당면 과제에 대한 해답으로서 미래에 투사시킨 목표를 달성하고자 한데 모인다. 거대 서사 아래, 인류의 공통 목표를 성취하려 법, 교육, 과학 기술과 같은 모든 사회적 제도들이 결합된다. 절대지絶對知와 인류 해방이 그것이다. 그렇기 때문에 지식은 더 큰 목적을 위한 소명과 역할을 담당하게 된다.

리오타르에 따르면, 그럼에도 지난 반세기에 걸쳐 일어난 지식의 변형으로 말미암아 이와 같은 거대 서사들은 의혹의 대상이 되어 왔다. 이제 지식은 다른 양상으로 조직된다.

> 현 사회와 문화, 곧 후기산업사회, 포스트모던 문화에서 지식의 정당화 문제는 다른 방식으로 정식화된다. 거대 서사는 사변적 서사이든 해방의 서사이든 상관없이 신뢰성을 상실했다.(1984a : 37)

리오타르는 오늘날 지식이 더 이상 인간의 보편적인 목표를 실현시키려고 조직되는 것이 아니라고 주장한다. 포스트모던 지식은 시장 주도적인 전 지구적 자본주의 아래 효율성과 수익성 측면에서 가치가 매겨진다. 리오타르의 포스트모던 개념을 정의하는 것이 바로 "메타서사들에 대한 불신"으로 특징지어지는 이와 같은 지식의 변형이다. 그렇다면 포스트모던의 조건이란 무엇인가? 이제 그 질문에 답해야 할 지점에 도달했다.

포스트모던의 조건

리오타르가 볼 때, 제2차 세계대전 이후 전개된 자본주의의 전 지구적 확산 및 과학과 테크놀로지의 급격한 발전은 거대 서사들의 종말을 가져왔다. 리오타르는 이후 발표한 「서사에 관하여Apostil on Narrati -ves」라는 글에서, "모더니티의 기획은 …… 버려지고 잊혀진 것이 아니라, 파괴되고 '청산되었다.'"(1992 : 18)고 밝힌 바 있다.

거대 서사들의 '청산'이 의미하는 바는 역사적 변화에 대한 리오타르의 분석을 꼼꼼하게 살펴보게 될 4장에서 자세히 논의할 것이다. 다만 『포스트모던의 조건』에서 분명히 드러나는 것은, 자본주의가 현 사회에서의 지식 및 연구 개발을 밀어붙이는 동력이 되었다는 점이다. "사회적 정의나 과학적 진리의 경우와 마찬가지로, 권력의 …… 정당화는 체제의 수행 능력을 극대화하는 것, 곧 효율성에 근거를 두고 있다."(1984a : xxiv) 이 효율성을 향한 충동이 자본주의의 심장부에 자리 잡고 있다. 연구 개발의 목적은 이윤 확보의 가능성을 최대로 끌어올리고자 생산과 소비를 더욱 저렴하고 신속하게 만드는 것이다.

리오타르는 자본주의가 거침없이 확산되면서, 인류 전체를 진보의 거대 서사로 엮어 주던 전통적인 사회적 유대는 파괴되었다고 본다. 사변적 거대 서사의 기초가 되는 진실과 해방의 거대 서사가 지향하는 정의는 근대성, 곧 모더니티를 추구하면서 발휘했던 보편적인 호소력을 더 이상 갖지 못한다. 이는 현 사회에서 지식의 본질과 위상을 본질적으로 변화시킨다.

이러한 변화는 연구 개발뿐 아니라, 정체성 그 자체에도 영향을 미친다. 더 이상 단일한 메타서사를 따르지 않는 언어 게임의 다양성 속에서 개인의 정체성은 흩어진다.

사회적 주체 자체가 언어 게임들이 확산되면서 녹아 없어지는 것으로 보인다. 사회적 유대는 언어적으로 조직되어 있지만, 하나의 실로 짜여지는 것은 아니다. 사회적 유대는 서로 다른 규칙을 따르는, 적어도 두 가지

56

이상의 언어 게임(실제로는 무수히 많다.)이 교차하여 만들어 내는 조직망
이다.(1984a : 40)

거대 서사들이 파괴됨에 따라, 주체 또는 사회에는 어떠한 단일한
정체성도 더 이상 존재하지 않는다. 대신 개인들은 상충하는 도덕
적·정치적 규약들의 영역이 교차하는 장소가 되고, 사회적 유대는
파편화된다. 이 과정은 1980년대 영국 수상이었던 마거릿 대처의 악
명 높은 언급으로 가장 적절하게 요약될 수 있겠다. 대처는, 사회 같
은 것은 존재하지 않고 오직 개인들만 있을 뿐이라고 공언했다. 이
말이 옳든 그르든지 간에, 그와 같은 주장이 심각하게 받아들여질 수
있다는 사실이 그동안 일어난 변화를 잘 보여 준다.

이 같은 사회의 파편화, 그리고 동시에 벌어지는 정의·문화·정
체성과 관련된 전통적 형식들의 붕괴를 생각해 볼 때, 두 가지 유형
의 반응이 있을 수 있다. 하나는 당대 독일의 이론가 위르겐 하버마
스Jürgen Habermas의 접근 방식이다. 하버마스는 근대성, 곧 모더니티
를 미완의 기획으로 보고, 오늘날의 사회 분열을 극복함으로써 모더
니티의 목표를 더욱 심화시키고자 한다. 이를 위해 서로 협상하여 다
른 언어 게임들의 합의를 이끌어내려 노력해야 한다는 것이다.(Haber
-mas 1987 참조)

리오타르의 목표는 이것과 정반대이다. 리오타르는 거대 서사 자
체가 줄곧 정치적으로 미심쩍었다고 본다. 예를 들어, 미신을 극복하
려 했던 이성과 자유의 보편적 개념은 자본주의의 확산과 선교 테러
를 통해 아프리카와 중동 지역에 대한 식민 지배를 가능하게 한 정

신적 기반이 되었다.(Lyotard 1993, 165-326쪽 참조) 그런 이유로 리오타르는 자본주의의 세계화에 맞서는 최선의 수단이 언어 게임의 파편화를 증대시키는 것이라고 주장한다. 언어 게임이 정체성과 결부되기 때문에, 사회 내부에서 각기 정당성을 확보한 서로 다른 언어 게임의 폭이 넓어질수록 사회는 더욱 개방적이고 다원적인 성격을 가질 수 있다는 것이다. 포스트모던 사회가 당면한 주요 위협은 효율성만을 유일한 기준으로 삼는 단일한 체제로 지식이 환원되는 것이다. 리오타르는 자본주의 체제를 "인류를 비인간화시키며 뒤에 인류를 끌고 다니는 하나의 전위 기계"(1984a : 63)라고 보는데, 자본주의 체제 아래서는 모든 지식이 재정적 가치와 기술적 효율성의 척도로 판단되기 때문이다. 리오타르가 볼 때 자본주의가 행하는 최대의 위협은 모든 것을 자기 체제로 환원시키는 잠재력이다. 그는 자본주의가 "반드시 일정 수준의 테러를 동반한다"고 주장한다. "작동하라. …… 그렇지 않으면 사라져라."(1984a : xxiv) 따라서 이익이 되지 않고 기술적으로도 도움이 되지 않는 비효율적 지식이 직면한 위협이란, 그것이 더 이상 지원받지 못하거나 존중받지 못할 때 사라지게 된다는 것이다.

그러나 포스트모던이 완전히 희망 없는 조건인 것만은 아니다. 비록 리오타르가 모더니티의 거대 서사들을 대체하는 새로운 거대 서사를 제시하는 것은 아니지만, 그가 『포스트모던의 조건』의 말미에서 암시하는 것은 자본주의 체제가 어떻게 내부 분열의 씨앗을 담고 있는지 하는 점이다. 리오타르는 보편적 합의란 더 이상 가능하지 않지만, "가치로서의 정의는 낡은 것도, 의심스러운 것도 아니다. 따라서 우리는 합의와 무관한 정의의 개념과 실천에 도달해야 한다."(1984a :

66)고 주장한다. 이때 실천은 개별적인 '작은 서사들'과 각자의 차이에, 곧 이들이 효율성의 기준으로 완전히 환원 가능한 것이 아니라는 사실에 초점을 맞춘다. 거대 서사는 한 차례 몰락했기 때문에 우리에게는 다양한 영역의 언어 게임들만이 남겨져 있으며, 포스트모던 비평의 목표는 언어 게임들이 각자의 술어述語로써 발화할 수 있도록 하여 정의를 행하는 것이 되어야 한다는 것이다.

리오타르는 근대 과학에서 이루어진 발견들이 새로운 언어 게임을 개시함으로써 과학적 지식의 본질을 송두리째 변형시킬 잠재력을 갖게 되는 양상을 비평의 모범으로 묘사한다. 이러한 변형들 가운데 가장 두드러지는 사례로 꼽을 수 있는 것은 아마도 양자물리학에서 이루어진 발견일 것이다. 양자물리학은 원자 아래의 단계에서는 물리학의 일반 법칙들이 작동하지 않으며, 거기에는 소립자의 운동에 관한 확률만이 남게 됨을 발견해 냈다. 이로써 양자물리학은 과학 담론의 영역에 새로운 언어 게임(확률의 언어)을 도입시키고, 과학 담론은 세계를 기술하는 방법들의 범위를 변형시키게 된다.

리오타르는 이러한 성격의 과학적 연구가 "극대화된 수행성과는 아무 관련이 없지만 배리背理·paralogy로서 이해되는 차이를 기반으로 하는 정당화 모형을 제시한다."(1984a : 60)고 주장한다. '배리'는 글자 그대로 풀이하면 틀리거나 그릇된 논리라고 정의할 수 있는데, 리오타르는 언어의 수가 게임을 새롭게 발전시켜야 할 필요성을 일깨우는 것과 같은 방법으로 이미 존재하는 게임(배리가 틀리거나 그릇되어 보이는 이유이다.)의 규칙을 파괴할 잠재력을 갖게 되는 방식을 배리로 묘사한다. 이를테면, 양자물리학이 도입되면 과학적 탐구의 규칙들 가운데 일부는 자기모순에 빠지지 않기 위해서라도 바뀌어야 한다. 나아가, 리오타르는 지식의 체계란 언제나 방해를 받는 것이라고 주장한다.

〔배리를 통해〕설명 능력을 불안정하게 만드는 힘의 존재를 설정할 필요가 있다. 그 힘은 새로운 이해 규범을 공표할 때, 다시 말하자면 과학의 언어 연구를 위한 새로운 장을 규정하는 새로운 규칙을 마련하자고 제안할 때 명백히 드러난다. (1984a : 61)

리오타르의 사유에는 어디든 이와 같은 "설명 능력을 불안정하게 만드는 힘"이 주축을 이루고 있으며, 이는 그의 텍스트 안에서 여러 가지 형식으로 나타난다. 이어지는 각 장에서는 이 힘이 숭고the subli -me, 분쟁the differend, 기호the sign, 사건the event 등의 용어와 결부되어 설명될 것이다. 그때마다 리오타르는 사변적 거대 서사나 국제적 자본주의와 같은 지식 체제가 파괴적인 비평 앞에 항상 노출되어 있으며, 이러한 체제들에 '불안정하게 만드는 힘'을 꽂아 넣는 것이야말로 비평가의 임무라고 주장한다. 유감스럽게도 이 말은 처음에는 곧 이곧대로 들리지 않을 텐데, 이후의 목표는 리오타르가 이와 같은 저항과 비평의 당위성을 말하는 여러 방식들 중에서 몇 가지를 살펴보는 것이다. 바꾸어 말하면, 리오타르가 어떻게 포스트모던 정치학의 개념을 구축하는지 알아보는 것이다.

자본주의 시대, 지식의 본질과 위상

『포스트모던의 조건 : 지식에 대한 보고서』에서 리오타르는 현 사회에서 지식의 본질과 위상이 변화해 온 방식을 고찰한다. 리오타르는 지식을 조직하고, 지식이 인류에 얼마나 유용할지 범주화하며, 지식이 하나의 목표를 향해 가도록 지도하는 거대 서사와 같은 것이 포스트모던 세계에서는 그 힘을 잃었다고 주장한다. 자본주의적 세계시장의 위력으로써 확산된 효율성과 이윤이라는 기준만이 지식을 조직하는 원리로 남게 되었다. 이러한 사례를 제시하면서 리오타르는 언어 게임과 메타서사를 통해 지식을 분석하는 방법을 전개해 나가는데, 언어 게임과 메타서사는 개별적인 지식이나 경험의 각 영역에서 일정한 진술들의 정당성 여부를 결정하는 일련의 규칙들을 제공한다는 것이다. 모든 것을 효율성과 이윤의 문제로 환원하는 대신, 리오타르는 언어 게임들 사이의 차이들에 대한 존중의 중요성을 역설하고, 그렇기 때문에 오늘날 지식을 조직하는 보편 체계들 앞에서 저항이 수행해야 할 절대적인 역할을 강조한다. 이 같은 저항의 동력을 이끌어 내고자, 리오타르는 또 다른 방식으로 모든 언어 게임을 수렴하는 새로운 거대 서사를 창조하려고 애쓰는 것보다는, 체계 내부에서 배리를 추구하는 것이 더욱 필요하다고 주장한다.

02

예술, 숭고, 포스트모던

권위에 도전하는 급진적 미학

1장은 『포스트모던의 조건』이 작금의 전 지구적 자본주의에서 진행되는 삶과 문화의 상품화에 저항하는 유용한 방법의 본보기를 과학의 배리에서 찾는다고 이야기하면서 끝을 맺었다. 배리는 과학적 탐구의 영역에서 세계를 논하고 재현하는 기존 방법들의 규칙들을 깨뜨리고, 사유의 새로운 지평을 열어젖힌다. 과학에서 배리는 과학 담론의 새로운 양상이 과학의 언어 게임 규칙을 바꾸고 다른 사유 방식의 출현을 가능케 할 때 나타난다. 리오타르는 이후의 글에서도 권위적인 언어 게임의 가설들을 의심해 보는 것이 중요하다는 생각을 고수하지만, 점차 예술, 더 구체적으로 미학이라 불리는 철학 범주가 지닌 급진적이고 정치적인 잠재력에 무게를 두게 된다.

1982년에 리오타르는 「질문에 답함 : 포스트모던이란 무엇인가?An Answer to the Question : What is the Postmodern?」라는 글에서 재현과 실재에 관한 기존의 믿음들에 도전하는 포스트모던 예술과 문학의 잠재력에 주목한다. 리오타르의 사유를 이해하는 데 이 글이 중요한 이유는, 그가 미학에 초점을 맞춤으로써 『포스트모던의 조건』에서 나타난 것보다 더욱 미묘하고 복잡한 포스트모더니즘의 성격을 설명할 수 있게 되었기 때문이다. 이 장에서는 「질문에 답함」에서 리오타르가 주장한 바를 개괄하고, 포스트모던에 관한 그의 사유가 진전된 부분을 밝히며, 그가 이 글에서 사용하고 이후에도 꾸준히 참조하게 되는 미적 범주 하나를 소개할 것이다. 이 미적 범주란 '숭고the sublime'를 가리킨다. 숭고에 대해서는 이 장 뒷부분에서 자세히 설명하고 논의하겠지만, 먼저 리오타르의 이 글에서 전개되는 핵심 주장들을 살펴보고 그가 숭고 개념을 사용하는 맥락을 이해하는 것이 유익할 것이다.

『포스트모던의 조건』이 근대 자본주의에서 지식과 과학이 지니는 위상에 대해 보고했다면, 「질문에 답함」은 오늘날 문화에서 예술이 차지하는 지위와 가치를 논의하고 있다. 리오타르는 자신이 "이완의 시대"(1992 : 1)라고 명명한 시기에 우리가 살고 있다고 주장한다. 이

미학 철학에서 미학은 두 가지 의미를 갖는다. 엄밀한 의미에서 미학은 예술과 자연의 미美를 연구하는 학문이다. 그러나 일반적으로, 미학은 인간의 지각 및 감각 작용 전반, 곧 명료하게 정의되는 지적 개념들로 단순하게 환원되지 않는 즐거움과 고통의 감정을 다룬다. 미학이 개별 연구 분야로 등장한 것은 알렉산더 바움가르텐Alexander Ba-umgarten(1714~1762)의 저작이 발표된 18세기에 이르러서이다. 이후 미학은 이 책에서 논의하는 많은 사상가들의 저작에서 중요한 부분을 차지하게 되었다. 특히 칸트와 헤겔을 예로 들 수 있는데, 칸트의『판단력비판』(1790)은 엄밀한 의미에서의 미학과 일반적 의미에서의 미학 양쪽에서 가장 영향력 있는 미학 분석서로 꼽힌다. 헤겔의 『미학 : 예술에 대한 강의』(1835)는 제목이 암시하는 대로 예술의 미학에 초점을 맞추고 있다. 모더니티와 포스트모더니티를 둘러싼 논쟁들 속에서도 미학은 예술철학이라는 엄밀한 의미로도, 지각과 감정에 대한 설명이라는 일반적인 의미로도 모두 쓰인다.

시대는 예술과 문학에서의 실험 작업으로써 20세기 내내 문화와 전통에 맞서 온 아방가르드 예술가들의 도전을 우습게 보는 반동적 비판에 직면해 있는 시기이다.

리오타르는 줄곧 아방가르드 예술의 옹호자였고(예를 들어 마르셀 뒤샹Marcel Duchamp(Lyotard 1990b), 바넷 뉴먼Barnett Newman(Lyotard 1991a), 자크 모노리Jacques Monory(1998)를 다룬 리오타르의 글을 참조할 것), 「질문에 답함」에서 포스트모더니즘을 이야기하는 것도 기본적으

아방가르드avant-garde 아방가르드는 프랑스어에서 온 말로, 글자 그대로는 군대에서 전투에 가장 먼저 뛰어드는 전위부대를 뜻한다. 20세기 초반의 실험적 예술가들이 자신들의 위치를 그 밖의 사람들과 관련지어 묘사하고자 이 말을 가져다 썼다. 아방가르드 예술가들에게 예술은 문화와 사회에 새로운 인식과 가능성을 생산하고 표현하는 데 앞장서는 것이었다. 프랑스 출신 시인이자 비평가인 브르통 André Breton(1896~1966)은 초현실주의라고 불리던 아방가르드 운동의 목표를 밝힌 두 편의 선언문을 작성했는데, 그중 「제1차 초현실주의 선언」에서 다음과 같이 이방가르드 집단들의 전형적인 목표 몇 가지를 포착해 내었다.
"내가 생각하는 초현실주의는 우리의 완벽한 **비순응주의**를 요구한다. …… 세계는 사유와 상대적으로만 조화를 이룰 뿐이며, 이런 종류의 사건들은 내가 참여하게 되어 자랑스러운 전쟁의 가장 눈에 띄는 삽화들에 지나지 않는다. 초현실주의는 언젠가 우리로 하여금 적들을 물리칠 수 있게 해 줄 '비가시광선invisible ray'이다."(Harrison and Wood 1992 : 438)
세계에 대한 기존의 관념들을 붕괴시키는 것의 의미와 더불어 리오타르가 포스트모던에 대해 글을 쓰면서 천착하는 것은 바로 '비순응주의'라는 개념이다.

로 아방가르드적 실험이 여전히 중요하다는 점을 변호하기 위함이다.

「질문에 답함」은 예술과 인문학의 실험에 대항하여 최근 제기된 일련의 비평들을 열거하는 것으로 시작되는데, 이후에는 「모더니티 : 미완의 기획Modernity : an Unfinished Project」(영어 번역문은 Passerin d'Entrèves & Benhabib 1996, 38-55쪽 참조)에서 개진된 하버마스의 예술과 모더니티 분석을 집중적으로 다룬다. 하버마스와 리오타르의 대립은 앞에서 짧게 소개한 바 있다. 그러나 두 사람의 견해 차이를 통해 서로가 어떤 입장을 취하는지, 그리고 미학에 접근하는 방식으로 모던과 포스트모던 가운데 어느 쪽을 선택하는지 쉽게 이해할 수 있다는 점에서, 이들의 대립은 이 자리에서 상세히 다루어 볼 만하다.

「모더니티 : 미완의 기획」에서 하버마스는 현재의 자본주의에서 문화가 붕괴되고 있다는 점에 대해서는 리오타르와 생각을 같이하지만, 이를 예술과 관련하여 분석할 때는 리오타르와 그렇게 다를 수가 없다. 두 사람의 의견 충돌은 단지 아방가르드 예술의 본질을 둘러싼 내밀하고 학적인 논쟁의 문제가 아니다. 단순히 유행에 따라 동시대 예술계의 작품들이 좋은지 나쁜지를 놓고 벌이는 말싸움도 아니다. 하버마스와 리오타르 모두 예술이 정치적 행동을 유발시킬 수 있는, 그리고 자유시장을 지향하는 문화에서 비롯된 비인간화의 충격에 저항할 수 있는 잠재력을 지닌다고 본다. 다른 말로 하면, 예술의 지위와 역할에 대한 두 사람의 견해는 지식과 도덕성에 관한 특정한 가정들에 근거한 것이며, 이는 두 사람이 정치 · 정체성 · 문화를 생각하는 방식이 서로 다를 수밖에 없는 이유가 된다.

하버마스와 끝나지 않은 모더니티의 기획

하버마스는 현 자본주의의 영향으로 인간의 이성이 도구로서 쓰여 왔다고 주장하는데, 이 말이 뜻하는 바는 지식의 발달이 인간의 삶을 개선시킬 수 있는 잠재력보다는 경제적·정치적 효율성의 잣대로 평가된다는 것이다. 바꾸어 말하면, 과학 기술적 발명은 그 자체가 목적이었고, 그것이 개개인의 삶에 끼칠 영향에 대해서는 거의 주목하지 않았다는 것이다. 하버마스에 따르면, 그 결과로 일상적 삶은 다양한 전문적 문화들(과학, 테크놀로지, 예술, 심지어 정당정치까지)과 분리되었고, 사회를 형성하는 규칙들을 세움으로써 자신의 전 존재에 결정적으로 영향을 끼치는 이 같은 영역들에 평범한 사람은 더 이상 참여할 수 없고, 이를 이해할 수도 없다.

하버마스는 이렇게 사회적 삶을 균열시키는 것에 맞서 싸워 나가야 하며, 이는 문화를 구성하는 서로 다른 언어 게임들을 조화시키는 수단으로서 해방(앞 장에서 설명한 모더니티의 거대 서사 가운데 하나)의 개념을 존속시킬 때 가장 효과적으로 이루어질 수 있다고 주장한다. 하버마스가 근대성, 곧 모더니티를 미완의 기획으로 보는 것은 이러한 의미에서이다. 인류의 해방은 가능하지만 아직 완전히 달성되지는 못했으므로, 이를 지속적으로 추구해야 한다는 것이다. 이를 위해 하버마스는 '의사소통 행위'에 관한 이론을 발전시킨다. 이때 의사소통 행위란 세상에서 일어나는 행동을 좌우하는 (도덕적·정치적) 규범 및 법에 대한 합의의 달성을 목표로, 모든 사람이 자유롭고 동등하게 토론에 참여할 수 있는 공적 공간의 창조를 목적으로 하는 민주적인 개념이다. 하버마스가 볼 때, 합리성의 기초는 개개의 정신이 아니라

하버마스의 미완의 기획

하버마스는 「모더니티 : 미완의 기획」에서 리오타르 등 여러 사상가들을 공격하여 논쟁을 불러일으켰다. 하버마스는 현재의 자본주의에서 문화가 붕괴되고 있다는 점에 대해서는 리오타르와 생각을 같이하지만, 예술의 지위와 역할 등 예술에 관한 견해에서 매우 다른 생각을 펼쳐 보인다. 예술을 해방 기획의 일환으로, 모더니즘을 해방적 예술의 정수로 생각하는 하버마스는, 일반인들이 이해할 수 없는 차원에서 예술을 이야기하는 전문가와 비평가에게서 예술을 탈환하여 그 본연의 임무를 회복시켜야 한다고 믿는다.

소통하는 능력이다. 의사소통은 참여자들이 합의에 도달하는 가능성에 그 기초를 두며, 이론의 목적은 진정한 의사소통이 이루어질 수 있는 조건들을 마련하는 데 있다.

「모더니티 : 미완의 기획」은 논쟁적으로 씌어진 글이다. 이 글은 리오타르를 포함한 여러 사상가들을 공격하면서 마무리되는데, 이들은 이러저러한 이유로 근대적 삶의 파편화를 축복했다는 것이다. 하버마스는 이들을 '신보수주의자'로 본다. 신보수주의자는 근대적 서사와 결부된 해방의 이념에 등을 돌린 사상가이다. 하버마스가 비판하는 신보수주의자의 핵심적인 사유 중 한 가지는 미학과 예술에 대한 설명이다. 하버마스에 따르면, 예술은 해방 기획의 일환으로 사유해야 하며, 사람들이 자신을 둘러싼 세계를 이해하고 그에 따라 행동할 수 있도록 돕는 것이 예술의 역할이므로, 전문적 수준의 교육을 받지 못한 사람들이 이해할 수 없는 차원에서 예술을 이야기하는 전문가와 비평가에게서 예술을 탈환하여 그 본연의 임무를 회복시켜야 한다.

하버마스에게 모더니즘은 해방적 예술의 정수이다. 하버마스는 20세기의 시작과 동시에 동시대의 문화를 재정의하고자 과거와의 새로운 연결 고리를 만들어 냄으로써 기존의 사회적 합의를 부수고 새로운 행동 방식들을 제시했던 아방가르드의 무수한 시도들을 목격할 수 있었다고 지적한다. 그러나 그는 모더니스트들의 이와 같은 시도들이 새로운 보수주의(포스트모더니즘의 중요한 한 단면이기도 하다.)에 밀려나면서 그 면전에서 패배하였다고 본다. 새로운 보수주의는 예술 문화는 물론이고, 사회 자체에도 새로운 규율과 금지를 강제하려고 노력한다. 예술이 처한 상황을 바라보는 이 같은 시각을 바탕으로, 하버마스는 자신이 생각하는 예술의 정치적 잠재력을 다음과 같이 묘사한다.

(예술의 경험이) 삶의 문제와 관련되거나 인생사의 중요한 지점을 조명하는 탐구 방식으로 쓰일 때, 그것은 더 이상 예술 비평만의 것이 아닌 언어 게임의 영역으로 들어간다. 이때 미적 경험은 우리가 세상을 인식하면서 해석을 필요로 하는 부분들을 소생시킬 뿐 아니라, 우리의 인식적 해석과 규범적 기대에 영향을 주며, 따라서 이 모든 계기들이 양쪽을 오가며 관계하는 방식을 변화시킨다. (Passerin d'Entrèves & Benhabib 1996 : 51)

이로써 하버마스가 의미하는 바는, 예술이 예술 및 문학비평이라는 전문가적 영역에서 빠져나오면 사람들로 하여금 자신의 사회적 위치를 지각하고 그들의 필요와 욕망을 접합시킬 수 있도록 하는 수단이 된다는 것이다. 달리 말하자면, 예술과 관련하여 중요한 것은 예술의 미적 충격이 아니라, 오히려 각각의 예술 작품이 사람들의 사회적 위치와 그들에게 열려 있는 기회를 더욱 잘 이해하도록 하는 데 사용될 수 있는 방식이다.

예술이 이처럼 사회적 존재를 조명하는 데 사용되는 과정을 가장 단적으로 보여주는 예는 아마도 연극에서 사용되는 극적 장치들에서 찾을 수 있을 것이다. 이를테면 『햄릿Hamlet』에서 햄릿은 클로디어스가 진짜로 자신의 부친을 살해했는지 확인하려고 배우들로 하여금 '쥐덫'이라는 제목의 연극을 상연해 달라고 부탁한다. 왕인 클로디어스를 직접 고발할 수도 없고 면전에서 그의 죄악을 캐물어 볼 수도 없는 상황에서, 햄릿은 연극 속 정략적 장면을 구성하는 데 개입하는 방식으로 무대를 활용한다.

조금 다른 사례로는 1988년 런던의 로열코트 극장에서 초연된 팀 버레이크 워텐베이커Timberlake Wertenbaker의 『조국을 위하여*Our Country's Good*』를 들 수 있다. 작품 속에서 18세기 말 호주로 끌려간 일군의 죄수들은 조지 파쿼George Farquhar의 유명한 극 『징병관*The Recruiting Officer*』(1706)을 무대에 올리려고 연습한다. 죄수들은 극을 연습하고 상연하는 동안, 유배된 삶을 살아가는 사람으로서의 자신의 위치를 연극과 결부시키고 공동체의 일원이라는 자기정체성에 대한 감각을 형성한다.

이 경우들에서 공연이 미적으로 만족스러운지, 예술적으로 세련되었는지의 여부는 그다지 중요하지 않다. 중요한 것은 연극 속의 연극이 연극 안에서 나타나는 사회구조와 극적 세계의 정치에 가하는 충격이다. 이 공연들은 사회적 요구와 열망을 재현하고 공동체 감각을 형성하며 정의를 위해 노력하는 방법을 찾을 수 있는 공간을 마련한다. 이것이 하버마스가 생각하는 예술의 목적이다. 미적 표현을 통해 합리적 의사소통이 일어날 수 있는 가능성을 기대하고, 정의와 공동체의 이념이 탐구될 수 있는 공간을 창조하는 것 말이다.

'질문에 답함 : 포스트모던이란 무엇인가?'
「모더니티 : 미완의 기획」에 대한 답변으로, 리오타르는 하버마스가 예술 체험에 기대하는 것이 "지식, 윤리학, 정치학의 담론들을 분리시키는 간극을 메우고 이로써 경험의 통일성에 이르는 길을 여는

칸트Immanuel Kant, 1724~1804 칸트는 모더니티와 포스트모던에 대해 논의할 때 특히 중요한 사상가로서, 리오타르의 작업에 결정적인 영향을 끼쳤다. 칸트는 3대 비판서(『순수이성비판』, 『실천이성비판』, 『판단력비판』)에서 인간 경험을 지식, 도덕성, 취미의 세 영역으로 나누는데, 이는 철학적 탐구의 세 가지 유형, 곧 인식론(안다는 것이 무엇인지 탐구하는 이론), 윤리학(어떻게 행동할 것인지에 관한 규칙), 미학에 각각 상응한다.

첫 번째 비판서인 『순수이성비판』(1781, 1787)은 어떻게 우리가 세계에 대한 지식을 가질 수 있는지 묻는 저작이다. 칸트는 경험에 대한 초월론적 탐구(경험이 일어나는 가능 조건을 발견하려는 탐구)에 착수한다. 칸트에 따르면, 모든 지식은 경험에 근거해야 한다. 다른 말로 하면, 지식은 정신적 개념과 육체적 지각 사이의 관계에서 발생한다. 이 같은 이유로 칸트는 지식이란 오직 '경험의 한계' 안에서만 생겨나며, 경험을 넘어서는 것들에 관한 주장은 신뢰할 수 없는 것이라고 주장한다. 그러한 이유에서 칸트는 경험에 근거하는 개념concept과, 개념의 조건을 마련하지만 상응하는 대상을 갖는 것은 아닌 이념idea을 구별한다. 이념은 개념이 활동하는 방식을 규제하지만, 이념 자체를 드러낼 수는 없다. 예를 들어, 역사(과거 및 그것이 다른 것과 맺는 모든 관계들의 총체적 운동으로서의 역사)는 어떠한 대상이나 경험으로도 하나의 전체로서 표상될 수 없기 때문에 이념이라고 할 수 있다. 반면 최초의 달 착륙은 날짜, 국가, 개별 우주 비행사 등으로 인지될 수 있다는 점에서 하나 이상의 개념으로 파악될 수 있다. 따라서 달 착륙은 역사적 사건으로서 생각될 수 있는데, 이는 또한 우리가 달 착륙을 범주화시킬 수 있는 역사라는 이념을 갖고 있기 때문이기도 하다.

두 번째 비판서인 『실천이성비판』(1788)에서 칸트는 윤리학을 설명

것"(1992 : 3)이라고 주장한다. 요컨대 리오타르는 예술의 '의사소통
행위'를 통해 지식, 도덕, 정치에 대한 언어 게임들의 조화를 시도한

하려 한다. 칸트는 도덕성의 근본 원리를 이끌어 낸 다음, 오직 동
기가 정당할 때만 하나의 행위를 선善한 것이라 부를 수 있다고 주
장한다. 정당한 동기라는 칸트 개념의 기초가 되는 것이 '정언명령
定言命令 · the categorical imperative', 곧 사람은 자신이 보편적으로
적용되기를 바라는 준칙에 따라서만 행동해야 한다는 이념이다. 예
컨대, 거짓말을 하는 것은 나쁘다고 할 수 있는데, 만약 거짓말을
하는 것이 보편적이라면 진리의 가능성은 사라지고 의사소통 자체
가 불가능해질 것이기 때문이다. 『순수이성비판』의 기준에 따르면,
정언명령은 개념이라기보다는 이념이라고 볼 수 있다. 정언명령은
행동의 모든 측면을 규제하지만, 그 자체로 특정한 상황이나 행위
를 묘사하는 것은 아니기 때문이다.

칸트는 인식론과 윤리학 사이에 서로 넘나들 수 없는 경계선을 긋
는다. 지식은 경험을 넘어서는 순간 환영과 오류로 떨어지는 '경험
의 한계'에 묶여 있기 때문에, 칸트는 인간의 자유가 '정언명령'에
의지하는 별도의 윤리적 영역을 상정한다. 정언명령은 경험으로 촉
발된 것이 아니기 때문에(경험에 '적용'되는 것은 형식적 법칙인 이
념이다.), 지식으로 환원될 수 없다.

세 번째 비판서인 『판단력비판』(1790)에서 칸트의 목표는 앞선 두
비판서가 벌려 놓은 인식론과 윤리학의 간극을 메우는 것이다. 이
를 달성할 수 있는 수단으로서 칸트는 『판단력비판』 1부에서 미학
을 논의한다. 이 시도가 성공했는지, 또는 성공 가능할지의 여부를
놓고 『판단력비판』이 출간된 뒤로 철학자들은 무수한 논쟁을 벌여
왔다. 하버마스와 리오타르의 논쟁에서도 이 부분은 주된 화두이
다. 하버마스가 예술이 지식과 도덕성 사이의 조화 가능성을 나타
낼 수 있다고 생각했다면, 리오타르는 이에 전혀 동의하지 않으며
예술의 과제는 그것과 매우 다른 것이라고 주장한다.

다는 이유로 하버마스를 비판한다. 이 방법은 지난 몇 백 년 동안 근대 정치학과 이론이 지속적으로 노력해 왔으나 불가능한 것으로서 판명된 것이다. 이 같은 조화의 어려움은 18세기 철학자 칸트의 저작에서 가장 명백하게 드러난다.

리오타르는 예술이 합리적 의사소통 행위에 따른 정치적 합의를 달성하고자 인식론과 윤리학을 조화시킬 수 있다고 믿는 하버마스를 비판한다. 리오타르가 보기에 이는 불가능하다. 합의의 의사소통이라는 하버마스의 개념은 '초월론적 환영transcendental illusion'에 불과하리라는 것이다. 리오타르가 주장하는 바처럼, "'언어 게임' 사이의 조화"에 영향을 미치는 것은 예술의 목적이 아니다. "칸트는 …… 언어 게임들이 어떤 간극으로 분리되어 있고, 오직 (헤겔적인) 초월론적 환영만이 이들을 하나의 실제적 통일성으로 총체화하는 바람을 품을 수 있음을 알고 있었다. 그러나 칸트는 이러한 환영의 대가가 테러라는 것도 알았다. 19세기와 20세기는 우리에게 숱한 테러를 가해 왔다."(1992 : 15-16)

여기서 리오타르는 철학적 총체성의 개념, 곧 단일한 거대 서사로 모든 것을 설명할 수 있다는 개념(또는 환영)을 철학적 전체주의 및 테러와 연결시킨다. 나치즘이나 스탈린 치하의 소비에트 공산주의 같은 20세기의 정치적 운동들은 세계를 총체적으로 설명하려는 시각을 보이며, 이들 체제에 적합하지 않은 사물이나 사람은 강제적으로 억압·배척되거나 숙청된다. 이 같은 정치적·철학적 테러에 대해서는 이어질 두 장에서 자세하게 논의할 것이다. 다만 여기서는 예술의 임무가 숭고를 통해 총체성이 자행하는 테러에 저항하는 것이라

76

는 점을 명심하면 된다.

리오타르는 지식과 윤리의 조화라는 관점에서 예술을 이야기하지 않고, 『판단력비판』의 미학 분석에 암시되어 있는 분열을 강조한다. 「질문에 답함」에서 리오타르는 우리가 살고 있는 세계가 불연속적이고 어떤 합리적 체계로도 온전히 설명할 수 없다는 점을 보여 주고자 예술의 잠재력에 대해 고찰한다. 사실, 리오타르가 생각하는 예술의 핵심은 그러한 체계들에서 나타나는 실패들을 두드러지게 하는 그 능력에 있다.

「질문에 답함」에서 리오타르는 예술 및 문화적 표현의 세 가지 유형을 구별한다. 리얼리즘, 모더니즘, 포스트모더니즘이 그것이다. 이 용어들은 다른 비평가들의 저작에서 자주 접했을 것이다. 그러나 이 용어들에 대한 리오타르의 용법을 정확히 해 두는 것은 중요하다. 포스트모더니즘을 이야기하는 다른 비평가들(예를 들어 Hutcheon 1988 또는 Jameson 1991 참조)에 따르면, 이 세 가지 유형은 예술의 발전 경로를 연대기적으로 정리한 것이다. 이 같은 접근법에서는 리얼리즘이 조지 엘리엇George Eliot이나 샬럿 브론테Charlotte Brontë와 같은 작가들의 작품에서 발견되는 19세기의 주도적인 미적 형식으로 서술되고, 모더니즘은 리얼리즘적 재현에 의혹을 제기한 형식으로서, 버지니아 울프나 에즈라 파운드Ezra Pound 같은 작가와 시인이 주도하였다고 이야기된다. 한편 포스트모더니즘은 그 순서상 모더니즘의 가정들을 의심하면서 가장 최근에 일어난 예술 운동으로, 토머스 핀천Thomas Pynchon이나 루시디의 작품에서 그 사례를 찾아볼 수 있다고 설명된다.

물론 리얼리즘, 모더니즘, 포스트모더니즘을 이렇게 구별하는 것이 어떤 경우에는 도움이 되겠지만, 리오타르가 「질문에 답함」에서 논의를 전개하는 방식은 이런 구별을 따르지 않는다. 대신, 그는 예술이 생산되는 어떤 시대에도 세 가지 유형은 같은 시간대에 공존한다는 점을 예술 및 문화에 대한 복잡한 그림으로 제시한다. 따라서 포스트모던을 20세기 후반에 나타난 현상으로 묘사했던 『포스트모던의 조건』과는 달리, 「질문에 답함」에서 이야기되는 포스트모더니즘은 역사적 시대 구분보다는 미적 스타일이 문제가 된다. 리오타르는 하나의 작품이 "먼저 포스트모던적이어야만 모던적일 수 있다. 이렇게 이해하면 포스트모더니즘은 모더니즘이 끝나고 있는 상태가 아니라 생겨나고 있는 상태이며, 이 상태는 되풀이된다."(1992 : 13)고 주장한다. 즉, 포스트모던은 낡아 빠진 근대성, 곧 모더니티를 대체하는 것이 아니라, 오히려 모더니즘적 변환이 일어나는 상태(다시 태어나거나 존재로서 성립되는 상태)로서의 모더니티를 관통하며 되풀이되는 것이다.

리오타르에 따르면, 모던은 혁신하고 진보하려는 끊임없는 시도 때문에 항구적인 격변 상태로서 존재한다. 포스트모던이란, 자신의 이념과 범주에 도전하고 이를 붕괴시키는 모더니티의 격변 속에 있는 아방가르드적 힘으로서, 진보와 혁신이라는 지배적인 근대적 테마들에 저항하는 새로운 사유 및 행동 방식들의 출현을 가능하게 한다는 것이다. 그렇다면 그 사례로서 세르반테스Cervantes의 『돈 키호테Don Quixote』(1604)를 포스트모던 소설로 설정하는 것도 가능할 텐데, 『돈 키호테』는 중세 말미에 유럽에서 성행하던 기사도와 로맨스에 대한 인식들을 깨뜨리기 때문이다. 또한 로렌스 스턴Laurence Sterne의 『트리스트럼 샌디Tristram Sandy』(1761-7)도 18세기의 동일성과 서사에 대한 개넘들을 동요시키는 서사적 형식을 지녔다는 점에서 또 다른 사례로 들 수 있을 것이다.

사실 리오타르는 칸트의 철학이 "모더니티의 프롤로그이자 에필로그로서 특징지어진다. 동시에 모더니티의 에필로그이면서 포스트모더니티의 프롤로그이기도 하다."(1989 : 394)라고까지 주장하는데, 이는 칸트의 저작이 모더니티가 시작되는 지점(그러므로 이는 모더니티의 프롤로그가 된다.)에 위치하고 있으나, 마찬가지로 모더니티의 붕괴(그리하여 모더니티의 에필로그와 모더니티 내부의 포스트모던의 시작으로 특징지어진다.)를 가져오는 갖가지 테마와 개념을 도입하고 있음을 의미한다. 이는 모더니티의 중첩성에 대해 말하면서, 포스트모던 또한 대단히 복합적인 개념임을 밝히는 것이다. 리오타르가 말하려 하는 바를 분명하게 하고자, 리얼리즘, 모더니즘, 포스트모더니즘에 대한 그의 정의를 바탕으로 몇 가지를 살펴보는 것도 좋을 것이다.

리얼리즘

리오타르가 볼 때 리얼리즘은 모든 문화에서 주류를 이루는 예술이다. 즉각적으로 인지할 수 있는 방식으로써 한 문화의 신념과 인식을 반영하는 예술이 리얼리즘적 예술인 것이다. 리오타르는 후기에 쓰어진 「어떤 포스트모던 이야기A Postmodern Fable」에서 리얼리즘이 "현실을 만들고, 현실을 알고 있으며, 현실을 어떻게 만드는지 알고 있는 예술"(1997 : 91)이라고 주장한다.

이는 리얼리즘에 대한 학계의 일반적인 견해를 뒤집은 것이다. 리오타르에 따르면, 리얼리즘은 핍진성verisimilitude으로써 현실을 단순히 반영하는 것이 아니라, 곧 실제 세계가 존재하는 양상에 대한 생생한 이미지를 창조하는 것이 아니라 세계를 현실로 보이도록 '만든다'는 것이다. 여기서 리오타르가 말하려 하는 바는 현실이란 우리가 자연스레 알고 있는 어떤 것이 아니라 현실감이 특정한 문화의 신념과 인식에서 발생한 것을 가리키며, 리얼리즘적 예술 및 문학은 문화로 하여금 현실감을 창조해 낼 수 있도록 돕는 것들 가운데 하나라는 것이다. 이것이 리오타르가 「질문에 답함」에서 리얼리즘적 예술의 목적은 "(독자나 관객이) 이미지와 전후 문맥을 신속하게 파악하도록", 그리고 이로써 "의혹에 빠지지 않고 의식을 지킬 수 있도록 …… 인식 가능한 의미, 구문, 어휘를 부여하는 입장에 서서" 세계를 정돈하는 것이라고 주장하는 이유이다.(1992 : 5-6)

그렇기 때문에 리오타르에게 리얼리즘적 예술은 우리가 즉각 알아보고 이해하는 예술을 의미한다. 리얼리즘적 예술은 우리에게 익숙한 방식으로 세계를 표현하며, 현실에 대한 우리의 신념에 도전하지 않는다. 바꾸어 말하면, 리얼리즘은 사물들이 존재하는 방식에 대한 의혹들에서 의식을 보호함으로써, 세계에 관한 서사들을 영속화하는 데 기여한다. 기존의 언어 게임들은 참인 것으로, 또는 자연스러운 것으로 제시되며, 비판이나 변화를 받아들이지 않는 서사들 말이다.

이 같은 리얼리즘은 그 형식상 19세기 소설이나 오늘날의 많은 텔레비전 드라마 및 연속극에 등장하는 배우들의 자연스러운 연기에서 사용되는 화법을 취하기 쉽다. 하지만 이것만으로 리오타르가 정의하는 리얼리즘을 충분히 설명할 수는 없다. 「질문에 답함」에 따르면,

일반적으로 다른 비평가들이 포스트모던적인 것으로서 평가하는 텍스트나 인공물 가운데 많은 것이 여전히 리얼리즘적인 것의 범주 안에 속하기 때문이다. 리오타르는 포스트모던에 대한 자신만의 설명을 이에 대한 속류적인 견해, 곧 포스트모던 예술이 절충주의와 아이러니, 그리고 '무엇이든 좋다'라는 생각에 기초하고 있다는 견해와 구별하는 데 공을 들인다. 리오타르가 볼 때, '무엇이든 좋다'라는 생각은 포스트모던적이지 않고, 오히려 현 자본주의의 리얼리즘이다.

절충주의는 동시대 문화 일반의 영도degree zero이다. 우리는 레게 음악을 듣고 서부극을 본다. 점심에는 맥도날드의 패스트푸드를 먹고, 저녁에는 우리 고장의 음식을 먹는다. 도쿄에서 파리제 향수를 뿌리고, 홍콩에서 복고풍의 옷을 입는다. 지식은 텔레비전 게임쇼의 재료이다. …… 예술가, 화랑 소유주, 비평가, 대중은 모두 '무엇이든 좋다'라는 생각에 서로를 몰아넣고 있다. 지금은 이완의 시대이다. 그러나 이처럼 '무엇이든 좋다'라는 식의 리얼리즘은 돈의 리얼리즘이다. 미적 기준이 부재하는 가운데 그들이 벌어들이는 이윤에 따라 예술 작품을 평가하는 것은 여전히 가능하다. (1992 : 8)

이러한 절충주의의 각본 속에서는 다양한 스타일과 매체, 문화를 혼합하는 것이 급진적이지도 않고 전복적이지도 않다. 이런 시도는 오히려 경제적 소비 기능이라고 할 수 있다. 리오타르에 따르면, 이는 날마다 이루어지는 당대의 문화 체험이다. 소비할 수 있는 현금이나 신용카드가 있는 한, 온 세상은 자기 손에 쥐어져 있다. '무엇이든 좋다'의 혼성모방pastiche인 리얼리즘일지라도, 리얼리즘은 자신이 생겨난 문화의 언어 게임들을 받아들이며, 이 언어 게임들을 바로 그 문화 쪽으로 다시 반사시킴으로써 게임들의 안정성을 옹호한다.

모더니즘과 포스트모더니즘

리오타르는 리얼리즘과는 다른 두 가지 대안을 제시한다. 바로 모더니즘과 포스트모더니즘으로, 둘 다 "이미지와 서사를 지배하는 규칙들에 의문을 제기함으로써"(1992 : 12) 리얼리즘을 붕괴시키려 한다. 모더니즘과 포스트모더니즘이 완전히 다른 미적·역사적 형식인 것은 아니다. 그보다는 포스트모던이, 리얼리즘적 재현을 의심하는 모던이 더욱 급진화/본질화하여 변용된 것이라고 볼 수 있다. 리오타르는 모더니즘을 아래와 같이 정의한다.

> 표현 불가능한 어떤 것의 존재를 표현하고자 디드로가 말한 '평범한 기술'에 할애하는 예술. 우리가 보지 못하고 보여 줄 수도 없지만 생각할 수는 있는 무언가가 있다는 것을 보여 주는 것, 이것이 모던 회화가 당면한 문제이다.(1992 : 11)

표현할 수 없는 어떤 것이 존재한다는 사실을 표현한다는 생각은 리오타르의 사유에서 핵심적인 부분으로서, 빈번하게 오해되어 온 대목이기도 하다. 이 부분은 리오타르가 모더니즘과 포스트모더니즘을 둘 다 정의하는 데 무척 중요하므로, 여기서 무엇이 문제가 되는지 파악할 필요가 있다. 현시顯示 불가능한unpresentable 것이 존재한다

는 것을 현시한다는 생각은 리오타르가 칸트의 숭고 논의에서 가져
온 것이다.

리오타르는 예술이나 문학이 어떻게 기존의 언어 게임 및 세계를
재현하는 방식을 분열시키는지 서술하고자 숭고 개념을 받아들인다.

숭고the sublime '숭고'라는 말은 고전 철학에서 유래하였다. 그러나 18세기
에 미학이 등장하면서 숭고는 토론과 논란을 불러일으키는 주제가
되었다. 리오타르가 보기에, 숭고에 대한 가장 중요한 설명은 칸트
의 저작에서 찾을 수 있다. 칸트는『판단력비판』에서 미적 경험을
아름다운 것과 숭고한 것이라는 두 가지 형식으로 구분했다. 아름
다운 것과 숭고한 것 모두 어떤 대상(그림, 시, 바다의 풍경, 별이
반짝이는 하늘 등 무엇이든)을 접할 때 일어나는 감정들이다. 아름
다움은 자신과 대상의 조화에서 오는 감정으로서, 자신의 지각에
완전히 구체화되면 행복감을 가져온다. 숭고에 대한 반응은 좀 더
복잡하다. 대상에 매혹되는 동시에 불쾌해지며, 마음을 빼앗기는 동
시에 무서움에 사로잡히기도 한다.

칸트에 따르면, 숭고의 감정은 너무나 거대하고 강력하여 적절하게
재현할 수 없는 무언가를 마주할 때 생겨난다. 칸트는 고통으로 지
각되고 생각되는 무언가를 재현하려 할 때 상상이 한계에까지 뻗어
나간다고 주장한다. 그러나 이 고통은 동시에 기쁨이기도 하다. 지
각된 것을 적절하게 묘사할 수 없는 데서 오는 실망감은 그것을 생
각할 수 있다는 데서 오는 쾌快의 감정을 동반하기 때문이다. 이는
'경험의 한계' 너머에 무언가가 존재한다는 느낌을 통해, 우리가 재
현할 수 없고 알 수 없는 대상이 있더라도 우리는 그것을 생각할
수 있다는 사실을 암시한다. 숭고한 감정을 일으키는 것을 나타낼
수 없지만, 그 감정을 통해 무언가가 존재함을 생각하는 것은 가능
하다. 따라서 리오타르는 숭고를 다음과 같이 형식화한다. "현시 불
가능한 무엇의 존재를 현시하기."

리오타르는 표현 불가능한 것이 존재한다는 사실을 표현할 수 있는 능력을 모던 예술이 지니고 있다고 주장한다. 즉, 사용 가능한 언어 게임들로 표현할 수 없는 것들이 존재한다는 사실 및 문화 안에서 침묵하고 있는 목소리와 합리적 의사소통으로 형식화될 수 없는 생각들을 모던 예술이 표현할 수 있다는 것이다.

숭고에 두 가지 감정(쾌와 불쾌)이 있다면, 표현 불가능한 것의 존재는 숭고로써 서로 다른 두 가지 방식, 곧 리오타르가 모더니즘과 포스트모더니즘이라고 부르는 방식으로 암시될 수 있다. 여기서 나타나는 차이가 모더니즘과 포스트모더니즘을 구별하게 하는 기본 원리이다. 리오타르는 모더니즘적 향수nostalgia와 포스트모던적 환희jubilati-on라는 관점에서 이 차이를 서술한다.

> 부족한 표현 능력, 인간 주체가 경험하는 현존presence에 대한 향수, 그리고 그 무엇보다 인간 주체에 활력을 주는 모호하고도 무익한 의지를 강조할 수 있다. 이와 달리, 생각하는 능력의 힘, 인간 주체의 '비인간성 inhumanity'이라고 불리는 것 …… 그리고 회화에 관한 것이든 예술적인 것이든 다른 무엇이든지 간에, 새로운 게임 규칙을 발명하는 데서 오는 존재의 확장과 환희의 증폭을 강조할 수도 있다.(1992 : 13)

따라서 모더니즘적 숭고는 상실의 감정과 결부된다. 낡은 언어 게임들로는 더 이상 세계를 적절히 표현할 수 없으므로, 예전에 가졌던 안정적인 상태로 돌아가고픈 바람이 환기되는 것이다. 한편, 포스트모던 숭고는 언어 게임의 정지에서 비롯되는 흥분으로 일어난다. 이는 '옛 규칙은 작동하지 않는다', '새로운 규칙을 발견해 내자' 등을 선언하는 것이다. 이 같은 의미에서 예술 작품의 도전에 따른 리얼리즘이라는 구조의 와해가 세계를 경험하고 사유하는 새롭고도 상이한 '비인간적' 방식의 가능성을 암시함에 따라, 개념화conception는 표현을 앞서가게 된다.

리오타르는 모더니즘과 포스트모더니즘이 "그 자체로 표현될 수 없는 어떤 것을 환기"(1992 : 13)시킨다고 주장하면서도, 이 둘을 확연히 구별할 수 있는 유용한 예를 들어 보인다. 그가 모더니즘의 사례로 드는 것은 프랑스 소설가 마르셀 프루스트Marcel Proust(1871~1922)의 소설 『잃어버린 시간을 찾아서A la recherche du temps perdue』(1913~27)이다.

『잃어버린 시간을 찾아서』는 기억과 시간에 관한 소설이다. 이 소설의 서사는 마들렌을 먹거나 포석鋪石에 걸리는 것과 같은 자극으로 환기된 기억들이 잇따라 이어지면서 전개되는데, 이 기억들은 작품 내내 화자의 성격을 드러내고 형성시킬 것으로 기대된다. 그런데 리오타르에 따르면, "빠져나간 것은 …… 과도한 시간에 희생된 의식의 동일성이다."(1992 : 13) 다른 말로 하자면, 이 소설에서 화자의 진정한 성격은 끝내 표현될 수 없는 것으로 남는다. 그러나 이러한 표현상의 간극에도 불구하고, 서사 자체는 이야기를 통일된 전체로서 내놓는 전통적인 형식을 유지한다. 리오타르가 보기에 바로 이 점이 프루스트의 소설을 향수적인 것으로, 따라서 근대적인 것, 곧 모던적인 것으로 만든다. "그것은 표현 불가능한 것이 오직 내용의 부재를 통해서만 드러날 수 있도록 하는 데 반해, 형식은 인식 가능한 일관

성을 지닌 덕택에 지속적으로 독자나 관객에게 위안과 즐거움을 전해 준다."(1992 : 14)

이와 대조적으로, 리오타르는 아일랜드의 소설가 조이스의 후기 작품들을 포스트모던의 사례로서 인용한다. 리오타르는 『율리시스*Ulysses*』(1922)와 『피네건의 경야*Finnegans Wake*』(1939) 등의 작품에서 "조이스는 표현 불가능한 것이 글쓰기 자체에서 식별될 수 있도록 한다. …… 통용되는 모든 서사의 용법, 심지어 문체의 용법까지 전체의 통일성과 상관없이 활용되며, 새로운 용법들로 실험이 진행된다."(1992 : 14)고 주장한다.

즉, 조이스 소설 속의 숭고는 화자의 동일성과 같은 내용이 누락된 데 대한 의문으로서 나타나는 것이 아니라, 오히려 글쓰기 자체에서 생겨난다. 조이스는 언어유희, 모호한 암시, 인용문을 사용하고 선형적 전개와 서사적 감각이라는 기존의 개념들을 파괴함으로써, 소설이 무엇이어야 하는지에 대한 독자의 전제들에 이의를 제기하며, 작품을 이해해 보려는 욕망을 끊임없이 좌절시킨다. 조이스의 소설이 무엇을 말하는지 몰라 계속 난처해 할지도 모르지만, 이는 그 자체로 유쾌하고 자극적이며, 일상에서 의미를 부여하는 과정들에 의문을 가져 보게끔 만들 수도 있다.

리오타르는 조이스를 이야기함으로써 포스트모던 미학에 관한 자신의 가장 명쾌한 정의를 이끌어 낸다.

포스트모던은 모던에서 표현될 수 없는 것이 표현 그 자체로 드러나는 것, 올바른 형식에서 오는 위안과 불가능한 것에 대한 향수를 공유하도록 하는 취향의 합의를 거부하는 것, 그리고 즐기기 위해서가 아니라 표현 불가능한 것이 존재한다는 감정이 더욱더 생겨나도록 새로운 표현들을 탐색하는 것이다.(1992 : 15)

그러므로 리오타르에게 포스트모던 예술은, 작품의 내용에서 빠진 어떤 것 대신 서술 또는 재현에 관한 전통적 방식들을 깨뜨리는 힘을 통해 표현 불가능한 것의 존재를 증명함으로써, 기존의 예술적 구조 및 언어 게임들을 파괴하는 예술을 의미한다. 포스트모던 작품들은 혼란스럽다. 이들은 규칙을 위반하고 독자나 관객에게 익숙한 범주들을 훼손시키며, 바로 그러한 구조로써 '예술이란 무엇인가?', '현실이란 무엇인가?'라고 묻는다.

조화를 창출하는 방법으로서 예술을 생각하는 하버마스와 달리, 리오타르는 혼란스럽게 만들고 분열시키며 도전하는 예술의 잠재력이야말로 예술이 갖는 중요성의 핵심을 이룬다고 본다. 리오타르는 포스트모던 예술이 표현 불가능한 것을 입증함으로써 "총체성과 전쟁"(1992 : 16)을 해야 한다고 말한다. 기존의 언어 게임과 총체성에 도전하려는 이 같은 잠재성을 바탕으로 예술은 사유와 윤리, 정치의 영역에서 핵심적인 역할을 담당하는데, 이는 다음 장에서 밝혀질 것이다.

상식을 깨뜨리는 예술 혹은 포스트모던

리오타르의 「질문에 답함 : 포스트모던이란 무엇인가?」는 포스트
모던 예술과 미학의 역할에 대한 문제를 제기한다. 이 글에서 리
오타르는 기존의 언어 게임들을 와해시키는 데 예술이 가질 법한
잠재력을 사유하고자 칸트의 숭고 논의가 갖는 중요성을 탐구한
다. 숭고는 "어떤 것이 현시 불가능한 것으로 남아 있다는 사실을
현시"할 수 있기 때문에, 사유와 행동의 새로운 가능성을 제시해
줄 수 있다. 예술의 힘이 진리와 정의에 관한 언어 게임들 사이의
조화를 표현할 잠재력에 있다고 주장하는 하버마스와 달리, 리오
타르는 예술의 역할이 세상이 돌아가는 양상에 대한 사람들의 상
식적인 이해를 깨뜨리는 데 있다고 본다. 리오타르는 리얼리즘적
예술이 이러한 상식을 재확인하는 데 이바지한다면, 모더니즘적
· 포스트모더니즘적 예술은 숭고를 사용하여 이해력의 한계를 드
러내고, 이로써 새로운 가능성을 제시한다고 주장한다. 리오타르
가 볼 때, 포스트모던은 모던이 본질화/급진화되어 나타난 것이
다. 모던에서 숭고가 작품 내용의 상실을 통해 나타난다면, 포스
트모던 숭고는 내용뿐 아니라 표현의 형식적 표현 방법 자체까지
붕괴시킨다.

03

문장과 분쟁 : 리오타르의 정치학

포스트모던 시대의 윤리학

앞의 두 장에서는 세상과 '현실'을 사유하고 관찰하는 기존 방식들에 리오타르의 포스트모던 개념이 어떤 식으로 도전하는지를 살펴보았다. 이때 제기되는 문제는 이러한 도전들이 어떻게 행동으로 이어질 것인가 하는 문제이다. 과학의 언어 게임들을 배리로써 파괴하고 미적 표현을 숭고로써 교란시키는 것이 어떻게 윤리와 정치에 관한 새로운 개념을 이끌어 낼 것인가?

『포스트모던의 조건』이나 「질문에 답함 : 포스트모던이란 무엇인가?」가 윤리적 또는 정치적 문제들을 논외로 하고 있는 것은 아니지만(사실, 둘 다 이러한 문제들과 밀접하게 관련되어 있다.), 이 장의 목적은 리오타르의 사유에서 행동이 촉발되도록 하는 틀을 더욱 면밀하게 살펴보는 것이다. 이를 위해 리오타르가 『포스트모던의 조건』을 쓸 무렵 함께 작업했던 두 텍스트를 읽게 될 텐데, 두 텍스트 모두 『포스트모던의 조건』에서 언급된 여러 주제와 개념을 다루면서 이를 정의 및 정치와 관련된 논쟁들에 집중시킨다. 여기서 두 텍스트란 『공정한 게임』과 『분쟁 : 논쟁 중인 문장The Differend : Phrase in Dispute』을 말한다. 따라서 이 장의 핵심적인 질문은 다음과 같다. 메타서사의 정당성이 와해된 포스트모던적 상황에서 어떤 종류의 윤리적 또는 정치적 이

론이 가능한가? 이 질문에 답하고자, 이 장에서는 역사, 예술, 비평
(이들에 대해서는 남은 세 장에서 더욱 자세하게 논의할 것이다.)에 정치
적·철학적 질문을 던지는 데 리오타르가 사용하는 구조의 윤곽을
그려 볼 것이다.

공정한 게임

『공정한 게임』은 리오타르가 프랑스 저널 《레스프리L'esprit》의 편집자
장 루 테보Jean-loup Thébaud와 각기 다른 7'일간' 나눈(실제로는 1977년
11월부터 1978년 6월까지 7개월간이다.) 일련의 대화들로 구성되어 있다.
테보는 리오타르에게 그의 철학이 지닌 정치적·윤리적 함의를 질문
하고, 메타서사가 와해된 포스트모던적 상황에서 그가 정의의 토대로
간주하고 있는 것이 무엇인지 정의해 달라고 요구한다.

　　대화가 진행된 둘째 날, 리오타르는 정치와 윤리의 관계에 대한
자신의 가장 명료한 공식 가운데 하나를 제시한다.

　　사람들이 정치에 대해서 말할 때는 언제나 설립해야 할 무언가가 있다
　고 주장합니다. 사회 한복판에, 적어도 한복판은 아닐지언정 사회 곳곳에
　기존의 제도들에 대한 문제 제기와 이들을 개선하고 더욱 공정하게 만들
　려는 기획이 없다면, 정치란 존재할 수 없습니다. 이는 모든 정치가 현 상
　태와는 다른 무언가를 해야 한다는 규정prescription을 함축하고 있음을 뜻
　합니다. (1985 : 23)

정치란 능동적인 것이다. 정치는 사람이 살아가는 사회에 이의를 제기하고 이를 개선함으로써 현 상태를 변화시키려는 시도이다. 그러나 리오타르가 보기에, 이처럼 이의를 제기하고 개선하려는 것은 '공정함the just'의 문제와 결부되어 있다. 리오타르는 자신이 '규정 prescription'이라고 부르는 것을 정치가 함축하고 있고, 또 이로부터 정치가 출현한다고 주장한다. 규정이란 지시denotation와는 다른 언어 게임의 유형이다. 리오타르에게 이 차이는 매우 중요하다.

지시는 지식의 영역에서 작동하는 언어 게임이다. 지시적 진술은 어떤 것을 지적하거나 기술記述한다. 예를 들어, '의자가 편안하다'라는 문장은 의자와 관련된 사태事態, 곧 진술의 발화자가 의자를 편안하게 느낀다는 사실을 지시한다. 규정적 진술은 상이한 언어 게임의 일부이다. 규정적 진술은 사태를 기술하지 않고 사태를 일으키는 것을 목적으로 삼는다. 이러한 사례로는 "문 좀 닫아 주십시오." 식의 부탁이나 "목을 베어라!"와 같은 명령을 들 수 있겠다. 두 경우 모두, 세계가 실제로 어떠한지에 관한 기술은 없으나(문이 열린 채로 있거나 목이 아직 그대로 있음을 함축하고 있다 하더라도), 요청한 결과(문이 닫히거나 머리가 어깨에서 제거되는 것)가 나타나도록 해 달라는 요구는 존재한다. 즉, 지시는 세계를 기술하고 규정은 세계를 변화시키고자 시도한다. 지시와 규정의 이 같은 차이는 리오타르에게 정치와 정의를 사유하는 기초가 된다.

리오타르는 지시와 규정의 차이를 고려하는 것이 윤리적으로 대단히 중요하다고 주장한다. 이 점에서 그는 앞 장에서 논의한 바와 같이 인식론과 윤리학, '존재is'와 '당위ought'를 각각 구분했던 칸트를 따른다. 철학에서는 이러한 구분을 '사실-가치 구별the fact-value distinc -tion'이라고 부른다.

사실-가치 구별의 중요성에 주목한 리오타르는 이를 무시하는 정치 부류, 즉 가치란 참眞인 사태에서 자연스레 생겨난다는 믿음에 근거하여 자신의 규정을 설정하는 정치는 전체주의로 향할 수 있다고 주장한다. 그에 따르면, 근대 정치가 전체주의로 흐를 수 있는 두 가지 양상이 있는데, 이는 『포스트모던의 조건』에서 윤곽을 그린 바 있는 거대 서사의 유형들과 유사한 측면이 있다.

사실-가치 구별 철학에서 사실-가치 구별은 매우 논쟁적인 주제로 남아 있다. 요약하자면, 이 구별을 지지하는 사람들은 사실이 세계의 실제 사태를 지시하는 데 반해(이를테면, '바다는 축축하다'), 가치는 인간관계 및 주관적 성향('바다에서 수영하는 것은 즐겁다' 같은)에서 비롯되므로, 둘은 서로 다른 질서에 속한다고 주장한다. 이러한 구별을 정식화한 것으로 가장 유명한 사례는 아마 스코틀랜드 출신 계몽주의 철학자 데이비드 흄David Hume(1711~76)의 책 『인간 본성에 관한 논고A Treatise on Human Nature』(1739~40)에서 찾아볼 수 있을 것이다. 흄은 '당위'의 결론('이것이나 저것을 해야 한다')이 '존재'의 사실에서 논리적으로 도출될 수 있는 것이 아니라, 바람직한 것에 대한 주관적 성향이나 허용 가능한 것에 대한 문화적 합의 같은 다른 전제들에 기대어야 나올 수 있는 것이라고 주장한다. 이는 보통 "'존재'에서 '당위'를 취할 수는 없다."라고 정식화된다. 다른 식으로 말하자면, 주어진 사태가 '존재'하는 방식은 그것에 우리가 어떻게 [당위적으로] 응답'해야 하는지'를 논리적으로 결정하지 않는다. 오히려 응답의 가치는 다른 기준에서 도출되어야 한다. 인식론과 윤리학 사이에 놓인 칸트의 심연은 이러한 구별의 또 다른 중요한 사례이다.

규정과 지시의 관계를 환원시키는 첫 번째 방식은 사변적 거대 서사처럼 지시를 기준으로 삼아 규정을 설정하는 것이다.

[이러한 방식은] 사회의 진정한 본성이라는 것이 존재한다는 강한 신념, 그리고 진정한 본성과 일치한다면 사회는 공정해질 것이기에 '올바른 correct' 의미에서 참眞인 기술로부터 공정한 규정을 이끌어 낼 수 있다는 강한 신념[에서 나타납니다.] 참에서 공정함으로 가는 통로는 만약, 그렇다면의 통로입니다. (1985 : 23)

이 같은 정치 개념에서는 세계나 사회의 실제 존재 방식에 관한 지식이 자신에 대한 기술의 진리성眞理性을 바탕으로 하여 고유한 정의의 형식을 낳는다. 공정함은 참의 일부가 되고, 그에 따라 전개된 '좋은 사회'라는 개념은 특정한 윤리적 행동 방식들을 함축한다. 이 '좋은 사회'는 지식이 일련의 지시적 진술들을 통해 삶을 완전하게 하는 것에 대한 이론을 세우면서 추구하는 목표이다. 그래서 윤리학은 '만약 좋은 사회가 X라면, 우리는 Y를 해야 해' 식의 명제들에 근거한다.

여기서 문제는, 참은 곧 공정한 것이라는 생각이 사람들이 의심할 수 없는 체제를 형성하여 이들 삶의 방식을 결정하는 권력에 의해 전달된다는 점이다. 이러한 예로 종교 사회, 또는 공산주의 같은 특수한 철학에 근거하는 사회를 들 수 있는데, 전자는 '성경에서 좋은 사회란 기독교 사회라고 이르고 있다면, 신앙을 갖지 않은 모든 사람들은 기독교에 귀의해야 한다'는 식으로 신(들)의 의지에 관한 가설

에서 자신의 계율을 발견하며, 후자는 '공산당이 사회는 평등에 기초
해야 한다고 했다면, 우리는 특권과 사적 재산을 철폐해야 한다'라는
것처럼 세계를 바라보는 특정한 관점을 견지하고 그에 따라 세계를
재편시키고자 사람들을 통제한다. 다른 말로 하면, 이와 같은 사회는
근본주의적이다. 좋은 것이 무엇인지 말하는 진리는 미리 주어져 있
고 사람들은 이에 순응해야 하며 그렇지 않으면 처벌받는다.

　두 번째 방식은 정의에 관한 의심스러운 형식으로서, 해방의 거대
서사와 더 밀접하게 연관되어 있다. 여기서 정의는 '자율적 집단'을
형성하는 사람들의 일반 의지라는 개념에 기대고 있다.

　　〔자율적 집단은〕 정의가 사람들의 자기 결정self-determination에 달려 있다
　　고 믿는 집단〔을 말합니다.〕 바꾸어 얘기하면, 자율성과 자기 결정 사이에
　　는 밀접한 관계가 존재한다는 것입니다. 사람은 제 자신에게 자신만의 법
　　을 부여하지요.(1985 : 31)

　이러한 모형에서는 규정이 위에서부터 전달되지 않고 사람들에 내
재해 있다. 이를테면 '나는 미국인이다. 그러므로 나는 미국적 삶의
방식이라는 것을 믿는다' 식이다. 이는 자신을 사회와 동일시하고 사
회의 이상을 믿으며 선거시 투표권을 행사하는 등을 준수하는 한 모
든 이가 법적으로 보장받는, 사회의 민주적 모형을 이루는 기초이다.
그러나 리오타르는 이 같은 모형 또한 제국주의의 형식에 기반을 둔
전체주의라는 독자적인 형식으로 치달을 수 있다고 주장한다. 빌 레
딩스Bill Readings가 주장하는 바와 같이, "사회 자체에 대한 어떠한 비

판도 단순히 '반미', '반소', '반혁명' 등의 말로 무력화시킬 수 있도록 한 사회가 구체화된 정의를 가질 것을, 법을 대표할 것을 요구할 때, 전체주의는 명백해진다."(Readings 1991 : 111)

공정함과 사람들의 의지를 동일시하게 되면, 외국인 또는 그 사회에 속하는 일부, 곧 어떤 사람들에게는 인정받지 못할 수도 있는 원칙에 의거한 그 사회의 이상을 지지하지 않는 이들을 비난할 수 있게 된다. 중세 시대 유럽의 십자군이 '이교도들'에 맞서고자 했던 것이나 1950년대 미국에서 공산주의자라고 의심된 인물들이 탄압받았던 것과 같은, 사회의 이상을 기치로 치러진 많은 전쟁들을 떠올려 보면 된다. 두 경우에서 모두, 특정한 사람들의 이상이 가장 자유롭고 공정한 것이라고 판정되었고, 이를 공유하지 않았던 사람들은 억압되었다.

리오타르는 포스트모던 사유에서 거대 서사가 종말을 고했기 때문에 이와 같은 두 가지 모형은 더 이상 이론적으로 뒷받침될 수 없고 오히려 불의injustice로 흐를 가능성이 더욱 뚜렷해졌다고 주장한다. 이와 반대로 리오타르가 내놓는 것은 공정함을 진리 또는 "'우리'라고 말할 수 있는 권한을 부여받은"(1985 : 81) 특정 집단의 의지로 환원시키는 것을 거부하려고 노력하는 윤리의 개념이다.

리오타르는 규정적 언어 게임이 지시적 언어 게임으로 환원될 수 없다고 주장한다. 정의란 단순히 일련의 원칙들을 만들고 그에 따르는 문제로 끝나는 것이 아니라, 언어 게임들의 차이 및 이들이 단일한 메타언어로 환원되지 않는다는 사실에 스스로를 개방함으로써 구성된다는 것이다. 이 같은 이유로, 리오타르의 정의 개념은 마치 칸

트의 정언명령처럼 "우리가 하나하나 판단해야 할 …… 아무런 내용
도 갖지 않"(1985 : 47)을 수 있다. 달리 말하자면, '살인하지 말지니라'
와 같은 경험 법칙empirical laws은 항상 예외가 있기 때문에 윤리적 보
편성을 갖지 못한다는 것이다.

그렇다면 이러한 법칙을 말하고 있는 텍스트에서조차 용서가 되는
'공정한' 전쟁 또는 정당방위의 경우, 어떻게 정의를 말할 것인
가?(1985 : 63-72 참조) 리오타르에 따르면, 정의는 사람들과 언어 게임
이 지니는 이질성을 인식하고, 살인 또는 타자의 차이를 없애는 다른
모든 형식에 부딪혀 제 자신을 누그러뜨릴지 모를 이 각각이 지닌
개성을 존중하는 것을 기반으로 한다. 불의는 특정한 사람들 또는 언
어를 배척하거나 침묵시킬 때 발생한다.

만약 …… 공정함에 대한 게임을 지속할 수 있는 가능성이 배척되면
절대적 불의가 나타날 것입니다. 이는 부당한unjust 것입니다. 공정함에 반
대하기 때문에 부당한 것이 아니라, 공정함과 부당함에 대한 질문이 제기
되고 유지되어야 한다는 것을 허용치 않기 때문에 부당한 것입니다. 그렇
기 때문에, 모든 테러와 절멸, 대학살, 기타 등등 …… 또는 협박은 정의
상으로 당연히 부당합니다. …… 그러나 또한 부당한 것은 현재 화용론에
참여하고 있는 상대에게서 의무적 화용론pragmatics of obligation을 실행하고
재실행하는 가능성을 제거하는 모든 결정, 또는 누군가 이 가능성을 제거
하는 일이 발생하게 만드는 결정입니다.(1985 : 67)

공정함에 대한 진술들을 없애든 그것들이 발설되는 것을 막든지

간에, 불의는 공정함에 대해 말하는 것을 허락하지 않는다. 공정해지는 것이란 다른 이들로 하여금 "공정함에 대한 게임"에 참여할 수 있도록, 그들의 차이를 존중하고 그들 자신의 의견을 말할 수 있도록 허용하는 것이다. 이는 비교적 간단한 이야기인 듯하지만, 리오타르의 입장이 갖는 함의는 복잡하며, 정치의 새로운 개념을 암시하는 양상으로까지 나아간다. 이 새로운 개념은『공정한 게임』에서 도입되나, 철학적인 면에서 리오타르의 가장 의욕적인 저작인『분쟁』에서 더욱 철저하게 다루어진다.

그러나『분쟁』으로 넘어가기 전에 짤막한 이야기 하나를 소개하려고 한다. 이 이야기는『분쟁』에서 리오타르가 대단히 중요하게 논의하는 유형의 정의에 관한 문제를 표면화한다.

땅에 관한 논쟁

당신이 오스트레일리아의 어느 재판관이라고 상상해 보라.(이 이야기는 오스트레일리아 법정에서 최근에 일어난 일련의 사건들에 바탕을 두고 있다. Gelder & Jacobs 1998 : 117-34 참조) 당신 앞에는 재판에 참여한 양 진영이 있다. 한쪽은 섬을 새로이 개발하고 싶어 하는 건설회사이다. 다른 한쪽은 그 섬이 자신들의 공동체에는 신성한 장소라고 주장하는 토착민 여성들이다. 이 여성들의 말이 옳다면, 회사가 이미 막대한 비용을 투자한 개발 작업은 중지되고 땅은 여성들에게 되돌려져야 한다. 회사 측에서는 당신에게 이러한 조치가 회사를 파산시키고 해당 직원들을 실직 상태로 내몰게 될 것이라고 이야기할 것이다.

여성들이 자신들의 주장을 구체화시키려면 그 섬이 실제로 신성한 장소임을 법정에서 증명해야 한다. 그러나 여기서 문제가 발생한다. 당신은 여성들 측의 변호사에게서 다음과 같은 말을 듣게 된다. 여성들은 신념에 따라 자신들끼리만 그곳의 의미에 대해 이야기할 수 있다는 것이다. 그곳의 신성성은 그것이 세대를 건너 어머니에게서 딸로 전해 내려온 비밀로 남겨져 있다는 믿음에 근거한 것으로, 이 믿음이 남성이나 외부인에 누설되면 그곳은 신성함을 상실한다. 그리하여 이들은 이러지도 저러지도 못하는 상황에 처한다. 법에 의거하여, 이들이 법정에서 증거를 제시하지 못한다면 소송에서 패하고 만다. 이 사실을 말해 버리면 비밀을 누설하는 것이 되는데, 이는 자신들의 눈앞에서 그곳의 신성함이 사라지게 됨을 뜻하는 것이므로, 소송은 역시 패배로 이어진다.

이것이 당신이 재판관으로서 직면하는 문제이다. 여성들이 법정에서 증거를 보일 수 없는 한, 당신은 그들이 진실을 말하고 있는지 아닌지 알 수 있는 방법이 없다. 한쪽에는 신성한 장소의 파괴를 허용함으로써 여성들을 절망시킬 가능성이 존재한다. 다른 한쪽에는 회사를 파산으로 몰고 노동자들을 해고시킬 위험을 무릅쓸 가능성이 존재한다. 어떻게 할 것인가?

분쟁 : 논쟁 중인 문장

리오타르는 『분쟁』이 자신의 저작 가운데 가장 복잡하고 철학적인 책이라고 자평했다. 리오타르는 1974년부터 이 책을 쓰기 시작하여 9년

만에 완성시켰는데(프랑스어 초판은 1983년에 출간되었다.), 이 기간에
그는 『포스트모던의 조건』과 『공정한 게임』을 집필하기도 했다. 『분
쟁』은 이전의 두 저작에서 다루었던 개념들 가운데 다수를 가져와
심화시키면서, 오늘날의 지식, 윤리, 예술, 정치와 관련하여 이전 저
작들보다 훨씬 진전된 사유를 보여 준다. 사실 몇몇 비평가들은 리오
타르의 앞선 텍스트들이 『분쟁』에 이르러 완전하게 전개되는 논의들
의 예행연습에 지나지 않는다고 주장해 왔다.(그 예로 Bennington 1988,
Williams 2000 참조)

앞서 살펴본 다른 텍스트들과 마찬가지로, 『분쟁』의 형식은 따로
언급하고 넘어가야 할 만큼 중요하다. 『분쟁』은 본문에서 사용하는
방법론뿐 아니라 책의 화두를 요약하고 개괄하는 '서류 읽기'라는 제
목의 서문으로 시작된다. 이 책의 본문은 리오타르의 주장이 상세하
게 펼쳐지는 264개의 단락으로 구성되어 있다. 이 단락들은 리오타르
사유의 전개 과정과 밀접한 연관이 있는 특정한 개념, 작가, 텍스트
(칸트, 헤겔, 카시나와족, 기타……)를 논의하는 '주석들'을 사이에 두
고 산재되어 있다. 본질적으로 텍스트가 파편화되어 있기 때문에, 서
로 다른 단락과 주석 사이에 연결 고리를 만드는 것은 독자의 몫으
로 남겨져 있으며, 앞으로 보게 되겠지만 이러한 연계의 문제는 『분
쟁』의 내용에 결정적인 부분이다.

이 장의 나머지 부분은 『분쟁』에 대해 소개하고 이 책에서 주장하
는 바가 앞선 저작들에서 다루어진 내용들을 바탕으로 어떻게 확대
되는지 설명할 것이며, 이어질 세 장에서는 포스트모던 예술, 문화,
비평, 정치와 관련하여 『분쟁』의 주장이 지닌 몇 가지 함의를 이끌어

낼 것이다.

『분쟁』은 앞에서 다룬 내용(가장 중요한 사례인 홀로코스트의 증언 가능성에 대해서는 다음 장에서 논의할 것이다.), 곧 리오타르가 '부정a wrong'이라고 언급한 것이 발생하는 순간과 유사한 사례들을 거론하면서 시작한다.

피해를 입증할 수단의 상실을 동반하는 손실, 이것이 바로 부정이라는 것이다. 그 희생으로 말미암아 삶이나 모든 자유, 또는 자신의 생각이나 공적 견해를 말할 수 있는 자유, 또는 단순히 손실을 증언할 권리가 박탈당할 때, 심지어 더욱 단순하게 증언이라는 것 자체가 권위를 박탈당할 때가 바로 그러한 경우이다. …… 이 모든 경우, 손실에서 비롯된 결여 상태가 타인에게 알려질 수 없다는 것, 특히 법정에 알려질 수 없다는 것, 이러한 불가능성이 결여 상태에 더해진다.(1988a : 5)

이 단락은 『공정한 게임』에서 도출된 '절대적 불의'에 관한 리오타르의 결론을 다시 정식화한다. 앞서 예로 든 토착민 여성들의 시각에서 보자면, '손실'에 해당하는 것은 개발업자들로 말미암아 자신들의 땅에 들이닥친 위협이 될 텐데, 여기서 더 중요한 것은 이 손실의 진실을 법정에서 증언할 수 없다는 무능력에서 '부정'이 나타난다는 점이다. 이들이 진실을 말하면 땅을 잃게 되지만(비밀을 드러내면 이들에게 땅의 가치는 사라지므로), 침묵을 지키면 소송에서 패배하여 결국 땅을 잃을 수밖에 없다. 이런 식으로 이들은 "공정함에 대한 게임"에서 거부당한다.

증거를 제시할 방법이 없기 때문에 토착민 여성들은 (개발업자들 역시 마찬가지로) 리오타르가 분쟁the differend이라고 명명하는 상황에 말려든다.

소송과 달리, 분쟁은 양측의 주장에 적용될 만한 판단 규칙이 결여된 관계로 해결될 수 없는 (적어도) 두 당사자 사이의 갈등을 일컫는 경우일 것이다. 한쪽이 정당성을 갖는다고 해서 다른 쪽에 정당성이 부족하다고 말할 수 있는 것은 아니다. 그러나 이들 사이의 분쟁을 수습하고자 마치 소송처럼 양측에 단 하나의 판단 규칙을 적용하는 것은 이들 가운데 (적어도) 한쪽에 부정을 행하는 것이 될 것이다.(어느 쪽도 이를 받아들이지 않으면, 양측에 모두 부정을 행하는 셈이다.)(1988a : xi)

법적 체계의 규칙(『공정한 게임』에서 리오타르가 말한 언어 게임) 안에서라면, 토착민 여성들과 개발업자 사이에 존재하는 분쟁은 한쪽에 부정을 행하지 않고서는 해결될 수 없다. 재판관은 증거가 부족하다는 이유로(또는 그들이 비밀을 말하면 스스로 패소를 택하는 것이 되므로) 토착민 여성에게 불리하게 판결을 내리거나, 적법한 행위를 거쳐 부분적으로 규정을 변경하는 방법으로 개발업자에게 불리하게 판결을 내릴 것이다. 잠시 『포스트모던의 조건』에서 다루었던 범주로 돌아가서 말해보자면, 재판관은 양쪽이 사용하는 서로 다른 언어 사이에서 공평하게 판결할 수 있는 메타언어에 접근할 권한이 없다. 사실 『분쟁』에 따르면, 공평한 메타언어 같은 것은 결코 있을 수 없다. 어쨌든 재판관이 내리는 어떠한 법적 결정도 재판에 참여한 한쪽 또는 양쪽에 필연적으로 부정을 행하게 될 텐데, 이들은 자신들의 주장을 뒷받침할 만한 동류同類의 증거를 제시할 수 없기 때문이다. 리오타르에 따르면, 분쟁은 "입증할 수 있는 능력이 이처럼 부재하는 데서 암시된다. 소송을 제기하는 사람의 목소리는 들리지만, (부정의) 희생자가 된 사람은, 아마 같은 사람일 텐데, 침묵에 빠진다."(1988a : 10) 법정에서 무력한 상태에 놓여 있는 토착민 여성들은 침묵에 빠지면서 사법 체제의 희생자들이 된다. 그렇지 않을 경우, 즉 재판관이 이들에 대한 호의로 판결을 내린다면 개발업자들이 부정의 대상이 될 것인데, 법정은 이들에게 불리한 판결을 내리려고 기존의 법과는 다른 규정을 사용했을 것이기 때문이다.

그러나 분쟁이 단순히 법적 논쟁의 문제만은 아니다. 더 일반적인 의미에서, 리오타르는 분쟁을 "무언가를 문장phrases 안에 담아 낼 수 있어야 하지만 아직 그렇게 할 수 없는 언어의 불안정한 상태"(1988a : 13)라고 기술한다. 분쟁은 정당한 말들이 도래하지 않은 언어의 흐름 속에 존재하는 침묵과 말더듬의 순간이다. 그것은 불의가 자신을 드러낼 공간을 찾을 수 없는, 상처가 침묵하고 오히려 부정이 되는 고통의 지점을 표시한다. 이어 리오타르는 이러한 분쟁이 사람들이 생각하는 것보다 훨씬 흔한 일이라고 주장한다. 『공정한 게임』에서 리오타르가 사용한 용어들로 바꿔 보자면, 어떤 언어 게임이 제 규칙과 가치를 다른 언어 게임에 강요하고 그 다른 언어 게임이 고유한 자율적 발화 방식을 유지하는 것을 방해할 때, 분쟁은 발생한다. 남는 것은 불의와 부정의 감정뿐이다.

『분쟁』에서 언어의 정치성과 철학을 탐구하려는 리오타르에게, 분쟁 개념은 그 출발점이 된다. 리오타르는 사유의 목표에 대해 다음과 같이 주장한다.

> 분쟁이 소송에서 곧바로 묻혀 버리는 데서 무력감으로 불안해 하고 싶지 않다면, 〔사유의 목표는〕 (불의의) 감정이 들추어 낸 분쟁을 표현할 수 있는 문장들을 형성하고 연결시킬 새로운 규칙들을 발견하는 것〔을 시도해야 한다.〕. (1988a : 13)

분쟁이 던져 주는 사유의 함의를 고찰하고자, 리오타르는 『포스트모던의 조건』과 『공정한 게임』에서 언어 게임 개념을 언급할 때 사용했던 것보다 더욱 복잡하면서도 강력한 언어 이론을 만들어 낸다. 이 언어 이론은 앞선 인용문에서 잠깐 등장했던 다음의 용어에 바탕을 두고 있다. 바로 문장the phrase이다.

문장, 문장 체제, 담론 양식

초기 저작과 관련하여 생길 법한 두 가지 혼동을 피하고자, 리오타르는 언어 게임을 문장으로서 다시 설정한다. 가능한 혼동의 첫 번째 경우는 리오타르가 숱하게 주장한 바임에도 불구하고 그의 주장과는 상반되는 것으로, 언어 게임 개념에서 주체가 게임 바깥에 존재하는 '선수'로 비쳐진다는 것이다. 두 번째 경우는 '언어 게임'이라는 용어가 지시나 규정 같은 진술 유형을 말하는 것이지만, 또한 이러한 진술들이 한데 연결되어 과학, 서사, 정치 등의 담론을 형성하는 방식을 가리키는 것이기도 하다는 점에서 불명확하다는 것이다. 리오타르가 문장에 관한 이론을 통해 이러한 문제들을 극복하는 양상을 보면, 그가 '문장'이라는 용어로써 의도하는 바가 명확하게 다가올 것이다.

"'인간'이 존재한다고 보는, '언어'가 존재한다고 보는, 그래서 인간이 자신의 목적을 위해 언어를 이용한다고 보는 인간주의humanism와 '인문과학(인간과학)human science'의 세기를 거치며 독자에게 각인된 편견을 논박하고자"(1988a : xiii), 먼저 리오타르는 언어 게임 개념에서 문장 개념으로 옮겨 간다.

그러나 인간주의는 현실을 사유하는 방법 가운데 하나일 뿐이다. (또 리오타르가 보기에 가장 설득력 있는 방법은 아니다.) 리오타르는 문장이야말로 더욱 직선적인 출발점이라고 주장하는데, '나는 생각한

인간주의 인간주의는 문화적·철학적·문학적 운동으로서 14세기 후반에 등장했다. 르네상스와 이후 수세기를 지나며 급속히 확산되고 종종 변형이 이루어지면서, 인간주의는 불가능한 것을 제외한 모든 것을 간단하게, 또는 총망라하여 정의할 수 있는 말이 되었다. 그러나 인간주의의 본질적인 요소는 이성, 지식, 행동의 원천으로 간주되는 개별 인간 존재의 가치, 존엄성, 중심적 위치를 인식하는 데 있다고 할 수 있겠다. 초기의 인간주의는 종교적 또는 영적 신비주의에서 '인류Man'를 해방시킨다는 계몽사상의 특징을 지니고 있었다. 최근에 이르러서는 인간주의가 기독교적 인간주의부터 마르크스주의적 인간주의와 실존주의적 인간주의에 이르기까지 거의 대부분의 근대적 거대 서사들과 결합되어 왔다. 인간주의의 역사 및 그 복합적 성격에 관한 자세한 내용 및 인간주의와 문학·문화 연구의 관련성에 대해서는 데이비스Tony Davis의 개괄서 『인간주의Humanism』(1997)를 참조할 것.

다' 또는 '나는 존재한다'라고 인간주의자가 지각할 때조차 이미 그
자체로 하나의 문장인 것을 지각한다는 점에서 "그것〔문장〕은 즉각적
으로 전제된다."(1988a : xi)고 말할 수 있기 때문이다. 인간 존재가
누구인지, 또는 무엇인지는 항상 생물학, 심리학, 신학, 아니면 철학
을 통해서 정의되어야 하며, 이는 언제나 문장들 속에서 행해질 것
이다.

하나의 문장은 누군가가 말한 어떤 것일 수도 있으나, 단순히 그
런 것만은 아니다. 종류를 막론하고 정보가 이동하는 어떠한 경우도
문장이 된다. 예를 들어 문장은 말 한 마디나 글 한 토막일 수도 있
지만, 웃음이나 비명, 동물이 우는 소리, "고양이의 꼬리가 자아내
는"(1988a : 140) 모양일 수도 있다. 심지어 리오타르는 "침묵이 문장
을 만든다."(1988a : ix)고 주장하기까지 한다. 말하거나 대답하는 것에
대한 거부나 능력의 부재가 무언가를 의미한다는 것이다. 하나의 문
장이 생겨날 때마다 네 가지 항목이 한데 모인다. 문장을 표현하는
'발신자addressor', 문장을 접하는 '수신자addressee', 문장이 가리키는
'지시reference', 문장이 지시한 바에 대해 말하는 '의미sense'가 그것이
다. 이 네 단계는 "문장계phrase universe"를 구성하는데, 문장계는 "이
네 단계가 서로 관련되도록 그 위치를 정한다."(1988a : 14) 즉, '그 고
양이는 하얗다'라는 문장이 있을 때, 발신자는 문장을 말하는 사람이
고, 수신자는 발신자와 같은 사람이거나 그 문장을 듣게 되는 사람이
며, 지시 대상referent은 고양이이고, 의미는 지시 대상이 '하얗다'라는
것이다. 각 단계는 개별적인 '우주'를 형성하는 문장으로써 관계가 맺
어진다. 네 단계 가운데 어느 것도 문장에 앞서 존재할 수 없으며, 스

스로 기원이 될 수도 없다. 각각은 문장이 생겨날 때 비로소 하나의 단계로서 성립된다. 이 같은 관점에서 볼 때, 주체, 의미, 지시 대상은 문장들 사이의 관계가 낳은 결과물이다.

리오타르가 초점을 맞추고 있는 부분은 문장들이 서로 연결되는 방식이다. 리오타르는 문장의 연결이 필연적이라고 주장한다. 누군가 침묵하거나 문장을 무시하더라도, 다른 누군가가 문장에 응답한다는 것이다.(두 경우 모두 스스로 문장이 될 것이다.) 그러나 어떠한 문장이 주어지더라도 이에 수많은 방식으로 응답할 수 있기 때문에, 응답의 유형은 우연에 근거하게 된다. 이를테면 "그 고양이는 하얗다"라는 문장에 대한 반응으로, 수신자는 "응, 하얗네", "까맣게 보이는데", "고양이가 아니잖아. 그건 개야" 식으로 말할 수 있다. 심지어는 "그렇게 말하는 네 목소리가 정말 멋지구나"라고까지 말할지도 모른다. 이때 각각의 연결은 동의, 감각에 대한 논의(흰색의 고양이), 지시 대상의 불일치(고양이라기보다는 개이다), 심지어 지시 대상이 고양이에서 처음 문장을 말한 발신자의 목소리로 바뀌는 것까지 대단히 다양한 것들을 나타낸다. 연결은 반드시 존재하지만, 다양한 방식으로 연결이 이루어지면서 매우 다양한 방향으로 변화가 나타나는 것이다.

문장의 연결 문제를 다루면서 리오타르는 또 다른 난제를 해결한다. 바로 언어 게임의 불명확성과 관련된 어려움, 곧 '언어 게임'이라는 범주가 지시나 규정과 같은 언어 유형 및 과학, 윤리학, 문학 등 더욱 일반적인 담론을 한꺼번에 가리키기 때문에 너무 일반적이고 구체적이지 못하다는 사실 말이다. 『분쟁』에서 리오타르는 지시나 규정 등을 가리키는 '문장 체제phrase regimens'와 일반적인 담론을 포함하는 '담론 양식genres of discourse'를 구별한다. 지시하기, 규정하기, 보여 주기, 물어보기, 묘사하기, 추론하기, 명령하기 등등을 망라하는 상이한 문장 체제들은 문장계의 네 가지 단계와 관계하는 상이한 모든 방식들이라고 할 수 있다. 그래서 상이한 체제들은 문장에 표시된 네 단계 사이에서 생성되는 일련의 상이한 관계들을 표현한다. 예컨대 발신자와 수신자의 관계는 명령할 때와 부탁할 때가 서로 다를 것이며, 의미와 지시 대상의 관계는 질문할 때와 지시할 때가 서로 다를 것이다. 리오타르에 따르면, 이는 문장들이 "서로 다른 체제에 따를 경우, 서로 간에 번역될 수 없다."(1988a : 48)는 것을 뜻한다. 이 같은 설명은 『공정한 게임』에서 사실과 가치에 대해 다루었던 내용을 더 일반적인 차원으로 옮겨 온 것이다. 각 체제는 문장들을 상이하게 형성시키기 때문에, 이쪽 체제에서 나타났던 문장이 다른 쪽 체제에서 나타나게 되더라도 이 둘은 같은 문장일 수 없다.

담론 양식은 문장 체제와는 다른 것으로, 문장 체제들 사이의 관계를 조직하는 방식이라고 볼 수 있다. 리오타르는 양식genres이 "연결 규칙들을 정비하고 …… 이해관계를 결정하며, 서로 다른 문장 체제들에서 생겨난 문장들을 단일한 합목적성에 복속시킨다."(1988a : 29)고 주장한다. 이를테면, 과학과 같은 특정한 양식은 질문하기, 기술하기, 정의하기, 증명하기, 추론하기 등의 여러 체제들에 속한 문장들을 사용하여, 자연의 움직임을 정확하게 기술하는 것 등의 특정한 목적을 달성하고자 한다는 것이다. 문학 등의 다른 양식도 같은 체제들에서 문장들을 가져와 사용하겠지만, 그 목적은 다를 것이다. 문학이라면 아마 우리가 살고 있는 세상에 대한 새로운 시각을 창조하려고 할 것이다. 상이한 담론 양식들은 특정한 문장 연결 방식의 가치를 판단할 때 상이한 기준을 적용하며, 각각의 양식은 몇몇 연결 형식들을 금지할 수도 있다. 예를 들어 과학에서는 "저것 예쁘지 않니!"라는 문장을 "고체 상태의 황산구리는 푸른빛의 결정체들로 이루어져 있다"는 문장에 연결시키는 것이 정당하지 않은데, 이렇게 하는 것은 문장을 즉시 과학 담론 밖으로 꺼내어 미학에 집어넣는 것이기 때문이다. 그러므로 담론 양식은 특정한 연결 형식에 타당성을 부여하고 문장들이 지식으로 구현될 수 있도록 조직해 내는 수단이 된다.

따라서 문장은 표면적 의미보다 훨씬 더 많은 정보를 동반한다. 문장은 네 단계를 연계시키면서 문장 체제와 합치되고 담론 양식의 목적 아래 집결됨으로써 무수한 사회적 관계들을 가능하게 한다. 이를테면, "폐하 만세!"라는 문장은 명백히 군주의 오랜 통치를 바라는 발신자의 (반드시 진심에서 우러나야 할 필요는 없는) 욕망을 이야기하고 있다. 그러나 이 문장의 (국가 의례 양식에 적합한) 관습적 성격, 발신자와 수신자가 누구이든 간에 성립되는 관계(귀족은 자신의 하인들을 강제로 순응시키려고, 농부는 군주의 관심을 끌어 그에게 청원을 제기하려고 이렇게 말한다.), 양식이 생겨남에 따라 그러한 관계와 연결할 수 있게 되는 문장들, 이 모든 것이 분석 가능한 또 다른 가능성들의 영역을 개방한다.

리오타르에 따르면, 문장은 즉시 사회적인 것이 된다. "사회적인 것은 항상 전제되어 있는데, 왜냐하면 사회적인 것은 가장 사소한 문장으로서, 또는 그것과 더불어 표현되기 때문이다."(1988a : 139) 더

구나 주어진 어떤 문장도 다른 문장(침묵일지라도)과 반드시 연결되어
야 하기 때문에, 어떤 문장이 응답해야 하는지의 문제는, 리오타르가
볼 때 언제나 정치적이다. 『분쟁』에서 리오타르가 말하는 정치의 의
미란 이런 것이다.

문장, 정치, 사회

리오타르는 정치가 단순히 여러 담론 양식들 가운데 하나인 것만은
아니라고 본다. 정치는 문장을 어떻게 연결해야 할지를 결정할 때마
다 출현한다는 것이다. 이러한 결정은 양식들 내부에서 일어나며, 그
렇기 때문에 특정한 양식의 목적 및 연결 규칙들과 결부된다. 리오타
르는 하나의 담론 양식이 "자신의 연결 방식을 '우리의' 문장들과 '우
리에게' 강요한다. …… 이 갈등은 분쟁이 되는데, 어느 양식에 속하
는 성공(또는 정당화)이 다른 양식들에도 속하는 것은 아니기 때
문"(1988a : 136)이라고 주장한다.

특정한 연결이 이루어질 때마다, 가능했던 다른 모든 연결들(작동
중인 양식 내부에서 허가받지 못한 연결들)은 침묵하게 된다. 가능한 수
많은 결합들이 항상 존재하고 있음에도, 수많은 응답들 가운데 오직
하나의 연결만이 실제로 일어날 수 있다. 이는 "모든 결합을 한쪽(의
양식)이 다른 쪽들을 제압한 일종의 '승리'로 바꿔 버린다. 다른 쪽들
은 무시되고 잊혀지며 억압된 책임들로 남는다."(1988a : 136) 앞서 소
개했던 사례로 말해 보자면, 땅에 대한 권리와 관련하여 토착민 여성
들과 개발업자 가운데 한쪽의 손을 들어줘야 할 때, 재판관은 나머지

가능한 판결 전부를 거부하는 특정한 판결문을 못 박아야 한다.

모든 결합에서 이처럼 하나의 문장이 가능한 다른 문장들에 '승리'를 거두는 것은 분쟁의 정치를 가능하게 하는 바탕이 되는데, 분쟁의 정치란 모든 행동이나 문장에서 출현하는 정치를 말하는 개념이다.

> 정치는 …… 분쟁의 위협이다. 그것은 양식이 아니다. 그것은 양식의 다수성이고, 목적의 다양성이며, 가장 탁월하게는 결합을 문제 삼는 것이다. …… 정치가 가장 사소한 결합 앞에서의 분쟁 가능성을 뜻하는 것이라면, 모든 것은 정치적이다. (1988a : 138-9)

다른 것들보다 우위에 있는 한 가지 결합 형식(담론 양식)의 결정을 근거로 삼을 때, 모든 결합은 정치적이다. 모든 결합에서 나머지 가능성 전부는 거부되거나 억압되며, 장래 나타날 가능성이 있는 다른 발언들도 부정된다.

따라서 정치적인 것의 문제는 가장 근본적인 수준에서 어느 곳에서든 제기된다. 분쟁과 결부되는 이상, 어떤 식으로든 정치적인 성격을 갖지 않는 결정, 행동, 사건, 텍스트는 존재할 수 없다. 많은 경우, 이러한 정치가 당면한 문제는 대단치 않아 보일지도 모르지만, 그렇지 않은 경우에는 단일한 문장이 갖는 여러 함의들, 삶, 문화, 세계의 움직임을 변형시킬 수 있다. 다시 땅에 대한 논쟁으로 돌아가서, 증거를 요구하는 문장과 어떻게 연결시킬 것인지 토착민 여성들이 결정하려면 정치적 결단이 필요하다. (말할 것인가, 침묵할 것인가.) 마찬가지로 여성들의 문장에 어떻게 응답할 것인지에 대한 재판관의 결정은 이 재판뿐 아니라 오스트레일리아의 법률 체제와 사회 전반에 막대한 영향을 끼친다. 재판관은 양측의 분쟁을 무시하고 (그럼으로써 토착민 여성들에게 불리하게 판결할 것이 거의 확실한) 법적 양식의 테두리 안에서 판단을 계속해 나가거나, 그렇지 않으면 이들의 분쟁에 응답하고 그 양식이 지금까지 전개해 온 방식을 변형시키고자 시도함으로써, 이들의 논쟁에 공정한 해답을 제시할 수 있는 새로운 방법을 찾기 시작할 것이다.

리오타르에 따르면, 사유하는 사람의 윤리적 역할은 분쟁이 발발하여 무언가가 침묵으로 남겨져 왔던 순간들을 밝히고, 침묵 속에 가라앉아 있던 목소리가 들리도록 할 수 있는 방법을 찾아내는 것이다. "사유 앞에 놓인 책임은 …… 분쟁들을 감지하고 이들을 문장화할 수 있는 (불가능한) 어법idiom을 찾아내는 데 있다."(1988a : 142) 이는 단순히 모든 당사자들에게 적용 가능한 규칙을 동반하는 보편적인 양식에 호소함으로써 분쟁을 수습하는 문제가 아니다.(리오타르가 볼 때, 그러한 양식은 쓸 만한 것이 못 된다.) 그것은 오히려 분쟁의 존재를 긍정하거나 증언하고 논쟁을 문장화할 수 있는 새로운 방식과 어법을 찾아나서는 문제인 것이다. 이것이야말로 포스트모던 사상가의 역할이라고 리오타르는 주장한다. "문학, 철학, 정치학이 당면한 문제는 아마도 분쟁들을 표현할 수 있는 어법들을 찾아냄으로써 분쟁들을 증언하는 데 있을 것이다."(1988a : 13) 이 과제가 실로 얼마나 중요한지, 이것이 어떻게 성취될 수 있는지에 관한 내용이 이후 계속될 세 장의 주제가 될 것이다.

분쟁을 구성하는 언어 게임

리오타르는 무엇보다 정치적인 사상가이며, 이러한 면모는 그가 예술, 문학, 문화를 읽어 내는 데 영향을 미친다. 리오타르는 『공정한 게임』에서 거대 서사가 몰락하고 난 뒤 정의를 사유할 수 있는 가능성을 탐구한다. 그는 사실과 가치를 구별하는 칸트의 논의를 받아들이면서, 사태의 진리성에 대한 관념을 토대로 내려지는 윤리적 결정의 위험성에 대해 역설한다. 그 대신 리오타르는 자신만의 언어 게임을 사용하여(그럼으로써 가치가 부여된다.) 자신의 관점을 제시할 수 있는 타자의 권리에 대한 인식을 바탕으로 하는 윤리적 체제를 제안한다. 사유하고 말하며 행동하는 것에 대한 다른 방식들이 지배적인 집단이나 문화의 언어 게임으로 말미암아 침묵하게 되면 불의가 발생하기 때문이다.

『분쟁』은 리오타르의 가장 중요한 저작이다. 이 책에서 리오타르는 '문장'이라는 개념에 근거하여 더욱 복잡한 언어 개념을 전개해 나간다. 『분쟁』은 문장들이 어떻게 한데 연결될 수 있으며 서로 다른 결합들이 어떤 함의를 갖게 되는지의 문제를 분석하는 데 초점을 맞춘다. 리오타르에 따르면, 문장은 문장 체제(이를테면 지시하기, 질문하기, 명령하기 등)로 범주화되고, 담론 양식(과학, 문학, 마르크스주의 등)은 문장들 사이의 결합 유형에 대해 좋고 나쁨을 판정하는 일련의 원칙들을 생산한다. 상이한 양식들 사이의 갈등은 그것들이 문장화할 수 있도록 허용하는 상이한 가능성들과 그것들이 강요하는 침묵 사이에서 선택된 정치적 결정이 행해지는 공간이다. 리오타르는 하나의 문장이 다른 문장과 연결되는 순간마다 분쟁이 일어날 가능성이 존재한다고 주장한다. 그는 분쟁을 갈등의 한쪽 당사자가 문장을 만들 수 없는 입장에 처한 순간이라고 정의하고, 비평이 시작되어야 하는 지점을 명시하는 것은 바로 이와 같은 분쟁들이라고 주장한다.

04

역사, 정치, 그리고 재현

분쟁의 정치학

앞 장에서는 리오타르의 후기 사유에서 중심적인 역할을 담당하는 분쟁 개념을 소개했다. 이와 관련하여 토착민 여성들과 토지 개발업자 사이의 법정 소송 사례를 이야기함으로써, 리오타르가 분쟁 개념으로써 전달하려 하는 문제의식의 함의를 사례를 들어 설명하려 했다. 그러나 이 사례를 리오타르가 언급한 것은 아니다. 이 장은 리오타르가 언급하는 분쟁의 핵심 사례를 살펴봄으로써, 정치와 역사를 사유하며 그가 도달하는 몇 가지 결론들에 대해 고찰하고자 한다. 이를 통해 분쟁의 정치학에 관한 이론을 부연하고, 나아가 역사, 거대서사, 포스트모던 사이에서 리오타르가 구성해 내는 관계를 설명할 것이다.

아우슈비츠의 분쟁

제2차 세계대전 당시 수많은 유대인이 학살당했던 나치의 강제수용소 아우슈비츠는 리오타르에게 서구 문명의 역사와 사상 대부분이 무너져 내리는 지점을 뚜렷이 보여 준다. 『분쟁』에서 오늘날의 정치를 사유하려는 리오타르에게 아우슈비츠가 실마리가 되는 것은 이 같은 이유에서이다. 그는 이렇게 질문을 던진다. 아우슈비츠가 비할 바 없이 잔인한 비합리성으로 점철된 장소라면, 어떻게 우리는 아우슈비츠를 사유할 수 있는가? 사유, 역사, 정치에 아우슈비츠는 어떤 영향을 끼치는가? 아우슈비츠 이후에 어떤 역사와 사유, 정치가 가능할 것인가?

리오타르는 『분쟁』에서 이러한 의문들을 분석하지만, 아우슈비츠 자체를 거론하는 것부터 시작하지는 않는다. 리오타르가 처음에 문제 삼는 것은 홀로코스트가 실제로 일어났다는 사실을 부인하려고 하는 프랑스의 수정주의 역사학자 로베르 포리송Robert Faurisson의 주장이다. 포리송은 다소 의도적으로 논리를 왜곡하여, '자신의 눈으로 가스실의 존재를 목격한' 사람의 증언만을 나치 독일에 가스실이 실재했다는 유일한 증거로서 받아들일 수 있다고 주장한다. 즉, 포리송은 가스실에서 가스가 살포되는 현장에 있었고 그 와중에 살아남은 사람만이 진실을 증언할 수 있다고 보는 것이다. 리오타르는 증인을 데려와 보라는 식의 포리송의 요구가 명백히 불가능한 것임을 지적한다.

그의 주장은 이렇다. "어떤 장소가 가스실인지 확인하려고 한다면 그 가스실의 희생자만을 유일한 목격자로 받아들일 것이다. 저쪽에서 말하는 바에 따르면, 지금까지 죽지 않고 살아남은 희생자는 없다. 그렇지 않고 만약 생존자가 있다면, 이 가스실은 사람들이 주장하는 바와 같은 식으로 존재하지는 않았을 것이다. 그러므로, 가스실이란 없다."(1988a : 3-4)

다시 말해, 악의적으로 왜곡된 포리송의 논리로 보자면, 가스실의 실존 여부와 관련하여 유일하게 인정할 수 있는 증거는 가스실에 들어가 있었고 그 속에서 살아남은 사람의 증언뿐이다. 그러나 이 증언조차, 가스실에서 생존한 사람이 있으니 가스실이 널리 알려진 것만큼 살인적이지는 않았을 것이라는 식으로 홀로코스트에 관한 주장들을 바로 왜곡시킬 수 있다. 그러므로 홀로코스트에서 살아남은 사람은 증언이 불가능한 위치에 있다. 생존자는 포리송의 담론 양식에 막혀 침묵당하고, 분쟁의 먹이로 전락한다.

정치를 다루는 책을 시작하면서 수정주의적 역사가의 홀로코스트 부인에 초점을 맞추는 것은 무척 뜻밖으로 여겨진다. 왜 리오타르는 그런 터무니없는 주장에 지면을 할애하고, 왜 그것이 대꾸할 만한 가치가 있다고 생각하는 것처럼 보일까? 홀로코스트의 진실에 대한 실질적인 문헌 증거가 존재하고, 이를 부인하려고 드는 사람들의 주장은 거짓과 기만인 것으로 여러 차례 정당한 방식을 거쳐 판명되었다. 그렇다면 이 주장을 재연함으로써 리오타르가 원하는 것은 무엇인가?

먼저, 포리송의 논의는 도발을 유도한다. 이는 독자들에게 충격을 주고, 진실에 대한 일반적인 시각을 명백히 부정하려는 주장에 호소함으로써, 독자들로 하여금 극우파 정치에 어떻게 대응해야 할지를 고민하도록 만든다. 이는 또한 논증을 무력화하는 담론 양식의 능력을 보여 주는 동시에, 일반적으로 수용되는 양식이 그와 마찬가지의 효력을 가질 수 있는지에 대한 문제를 제기한다. 그럼에도 더욱 중요한 것은 이를 통해 리오타르가 일반적인 역사 서술의 윤리와 정치성에 관한 일련의 문제들을 제기한다는 점이다. 리오타르가 포리송의 견해를 전혀 신뢰하지 않는다는 점에는 의심의 여지가 없으나, 그는 이 문제를 논의함으로써 전통적인 역사 기술記述의 관점에서 아우슈비츠 문제에 접근할 때 나타날 수 있는 맹점 몇 가지를 들추어낸다. 리오타르는 다음과 같이 주장한다.

> 수백만의 인간이 몰살당했다. 이 범죄와 죄질을 증명할 수단들 상당수가 역시 박멸되었다. …… 역사 연구가 확증할 수 있는 것은 범죄의 양적 측면이다. 그러나 이를 확인하는 데 필요한 문서들조차 대량 소실되었다. …… 그 결과, 대학살에 관한 수적인 증거를 제시하는 것은 불가능하게 되었고, 공판 심리 과정에서 개정을 탄원하는 역사가는 범죄가 그렇게 많이 있었던 것은 아니라고 장황하게 항변할 수 있게 되었다. (1988a : 56)

리오타르에 따르면, 수많은 문서와 증거들이 계획적으로 파기되었기 때문에 통계 조직과 경험적 증거에 바탕을 둔 역사 형식으로는 홀로코스트를 완벽하게 기술하는 것이 불가능하며, 이 점이 본질적으로 홀로코스트의 특수한 성격을 이루는 한 부분이 된다. 역사가의 설명은 필연적으로 불완전할 수밖에 없으며, 그렇기 때문에 수정주의자가 그 틈새로 달려들어 홀로코스트의 허위성을 주장할 수 있게 된다.

여러 비평가들이 이 점에서 리오타르가 어려움을 과장했다고 불만을 가져 왔으며, 경우에 따라서는 역사 기술에 대한 변명을 동반하기도 했다.(예를 들어, Norris 1999와 Browning 2000을 참조할 것) 역사가들은 홀로코스트 설명의 신빙성을 확증할 만한 일련의 자료들을 보유하고 있다는 것이다. 게다가 역사적 증거란 항상 필연적으로 부분적일 수밖에 없고, 역사가들은 이에 대처할 수 있도록 훈련되어 있다는 것이다. 하지만 이것만으로는 지금 문제가 되는 것을 전부 설명할 수 없다. 리오타르는 단지 증거가 유실되거나 파기되었다는 것보다 더욱 복잡하고 광범위한 문제를 설정하고 있다. 리오타르는 역사라는 양식이 경험적 증거를 다루는 담론이기를 고집하는 한, 홀로코스트를 다른 어떠한 역사적 사건과 다를 바 없이 설명하고 양적 측면에서 평가해야 할 대상으로 취급하기 쉽다고 주장한다. 리오타르에 따르면, "아우슈비츠로 말미암아 역사에서 무언가 새로운 것이 일어났"(1988a : 57)는데, 그것은 모든 사람에게 체계적이고도 기술적으로 분쟁을 부과하는 것이다. 유대인들을 몰살시키려고 했던 것만이 아니라, 나치의 관료 기구 전체가 동원되어 유대인들이 겪었던 피해를 증언할 어떠한 가능성도 억누르려고 했던 것이다. 그 결과,

삶을 거부당했을 뿐 아니라, 자신들에게 행해진 최종 해결책the Final Solution(집단 학살)으로 말미암아 부정을 표현하는 것조차 거부당한 이들의 망령이 그들 자신의 불확정성 속에서 계속 떠돌고 있다. …… 그러나 지식에 강요된 침묵이 망각의 침묵을 강요하지는 않는다. 그것은 어떤 감정을 강요한다. …… 아우슈비츠는 집단 학살 수용소였다, 라는 문장을 휩싸고 도는 침묵은 어떤 정신 상태를 말하는 것이 아니다. 그것은 무언가 결정되지 않은 채로, 문장이 되지 않은 채로 남아 있음을 알리는 하나의 기호the sign이다. (1988a : 56-7)

온 가족 및 공동체가 자신들의 존재를 증명해 줄 만한 모든 것과 함께 계획적으로 몰살되었고, 아무리 정확한 사망자 수를 집계한다

할지라도(그러한 집계가 가능하다면) 죽어 사라진 많은 사람들의 이름과 정체성을 완전히 복구시킬 수는 없다. 홀로코스트와 관련하여 제시될 수 있는 어떠한 증거나 통계자료 너머로, 홀로코스트에 붙어 다니는 어떤 감정, 곧 부정에서 솟구치는 감정이 존재한다. 리오타르에 따르면, 우리가 아우슈비츠에 대한 분쟁에 주목할 때, 이 같은 감정은 아우슈비츠를 단지 역사의 연속선상에 존재하는 하나의 사건으로 위치시키는 것에서 벗어나, 사유하는 이로 하여금 "지식의 규칙들로는 표현할 수 없는 것에 귀를 기울여 과감하게 나아가"(1988a : 57)도록 요청하는 어떤 것으로, 다시 말해 이러한 분쟁이 오늘날의 정치와 문화에 끼친 영향을 탐구하도록 요청하는 어떤 것으로 아우슈비츠를 변형시킴으로써, 경험주의적 역사 기술을 뒤엎는 하나의 '기호'가 된다. 그래서 리오타르는 아우슈비츠에 대한 분쟁이 분석, 토론, 정의를 필요로 하는 미래를 향해 발송된 윤리적 의무, 곧 사유를 위한 박차가 된다고 본다. 어떠한 통계적인 설명 또는 경험주의적이고 역사적인 설명이 미치지 않는 곳(그렇지만 둘 다 정치적으로 중요하다.)에, 아우슈비츠는 문학과 철학에서 인류학과 정치학에 이르는 동시대의 여러 담론 양식들을 통해 해석되어야 할 기호로서 남아 있는데, 각각의 담론 양식은 그 자신이 아우슈비츠라는 공포에 붙잡혀 있으며, 문장화해야 할 서로 다른 자원들로써 이 공포에 반응하고 있음을 알게될 것이다.

분쟁, 역사, 그리고 거대 서사의 파괴

리오타르는 후기 저작에서 아우슈비츠를 읽어 냄으로써, 현재의 삶에 지속적으로 어두운 그림자를 드리우는 공포로서 아우슈비츠가 끼치는 영향을 탐구한다. 리오타르는 아우슈비츠가 단순히 지나가 버린 사건일 뿐이고 그 이후에도 역사는 정상적으로 계속될 수 있다고 보지 않는다. 그보다, 아우슈비츠 이후를 역사적으로 사유하고자 한다면, 그 사유는 어떻게 해서든 변형되어야 한다고 본다. 1984년에 씌어진 「보편사에 관하여Missive on Universal History」(1992 : 23-37)에서, 리오타르는 역사의 이념에 아우슈비츠가 미친 영향들을 설명한다.

흔히 생각하는 역사, 곧 과거를 구성하고 설명하는 방식은 자신 및 다른 것들에 대한 개인과 공동체의 경험에 핵심적인 것이며, 이는 정치에도 마찬가지이다. 역사는 현재를 연속성의 일부로서 위치시키고 앞으로 있을 법한 미래를 향하도록 함으로써, 우리가 지금 어떻게 존재하고 있는지에 대한 이야기를 서술한다. 그 자체는 서사적 양식의 규칙들에 따라 표현되며, 문학적 서사처럼 수많은 상이한 형식들을 취할 수 있다. 「보편사에 관하여」의 도입부에서 리오타르는 이러한 형식들 가운데 몇 가지를 설명하고, 이것들을 근대성, 곧 모더니티의 주요 정치적·철학적 운동들과 연결시킨다.

19세기와 20세기에 등장한 사유와 행동은 하나의 이념(나는 이 말을 칸트적 의미로 사용한다.)에 지배된다. 그 이념은 해방이라는 이념이다. 우리가 역사철학이라고 부르는 것들, 곧 다양한 사건들에 질서를 부여하려는 거대 서사들은 확실히 해방의 이념을 서로 매우 다른 방식으로 주장한다.

...... 그러나 이들 모두, 비록 성취되지는 않을지언정 자유를 목적으로 삼는 역사의 흐름 속에 사건과 관련된 자료를 위치시킨다.(1989 : 315)

역사에 관한 근대 철학들은 각각 독자적으로 상정한 자유 개념을 향해 움직이는 정치적 체제 및 믿음들과 결부되어 있다. 이 글에서 리오타르가 드는 사례들은 다음과 같다. 아담과 이브의 죄악이 새로운 지상낙원에서 생겨나는 사랑과 믿음으로 속죄되는 기독교 정신, 신비주의에서 벗어나 자유로운 사회로 이끌 지식과 과학으로써 미신을 극복한다는 계몽주의 서사, 세계의 불의와 계급 차별에 대한 전복을 통해 착취로부터의 자유를 말하는 마르크스주의 서사, 기술적·산업적 혁신과 일하는 사람들에게 돌아가는 부富의 자유로운 순환으로써 가난에서 벗어난 진보를 말하는 자본주의 서사 등이 그것이다.

『포스트모던의 조건』에서 리오타르는 이처럼 자유를 향한 진보의 이념에 따라 역사를 조직하는 과정으로서 거대 서사를 설명한다.(1장 참조) 이러한 거대 서사는 근대성, 곧 모더니티를 조직하는 원리인데, 이때 모더니티란 리오타르가 강조하는 것처럼 "생각할 수 있는 하나의 시기가 아니라 사유, 발화, 감수성의 ...... 한 양태"(1989 : 314)를 말하며, 그가 개괄한 바와 같이 사변적·해방적 거대 서사의 이념을 통해 서술된다. 그러나 『포스트모던의 조건』에서 리오타르는 포스트모더니티에서는 이러한 거대 서사들이 유효성을 상실하여 더 이상 보편성이라는 의미를 지지할 수 없게 되었다고 주장한다. 이는 거대 서사가 함축하고 있는 역사의 의미가 포스트모던에서는 재고되어야 함을 뜻하며, 바로 이것이 「보편사에 관하여」가 전하고자 하는 바이다.

이 같은 이유로 리오타르는 이 글을 "오늘날 우리는 세상에서 일어나는 다양한 사건들을 인류의 보편사라는 이념 아래 포섭시킴으로써 계속 조직해 나갈 수 있을 것인가?"(1989 : 314)라는 질문으로 시작한다. 이는 담론들 사이의 관계, 이를테면 정치와 문화, 문학과 철학 등의 관계를 어떻게 논의하든지 간에 매우 중요한 질문인데, 각각의 담론은 항상 역사적으로 그 위치가 결정될 것이며, 적어도 어느 정도까지는 해당 담론의 출현을 가능케 했던 역사적 서사에 의해 형성되게 될 것이다. 그러나 이 질문에 대해 리오타르는 보편사의 이념으로는 경험을 계속해서 조직해 나갈 수 없다고 대답한다. 보편사, 그리고 보편사를 동반하는 인류, 지식, 해방의 이념은 더는 가능하지 않다는 것이다.

「보편사에 관하여」는 이러한 역사 개념으로는 더 이상 세계를 조직하는 것이 계속될 수 없는 많은 이유들을 제시한다. 이 글은 거대 서사 가운데 몇 가지를 열거하고, 20세기가 혼란으로 몰아넣은 사건들을 인용한다.

각각의 해방의 거대 서사가 지닌 기본 원리 자체가 지난 50여 년 동안, 말하자면 효력을 잃어 왔다. 현실적인 모든 것은 합리적이고, 합리적인 모든 것은 현실적이다. 그러나 아우슈비츠는 이 같은 사변적 교의에 이의를 제기한다. 아우슈비츠의 범죄는 적어도 현실적이었으나 합리적이지는 않았기 때문이다. 모든 프롤레타리아는 공산주의자이고, 모든 공산주의자는 프롤레타리아이다. 그러나 '1953년의 베를린, 1956년의 부다페스트, 1968

년의 체코슬로바키아, 1980년의 폴란드'는 이 같은 사적 유물론(가장 뚜렷한 사례들만 언급하는 것이다.)의 교의에 이의를 제기한다. 노동자들은 공산당에 맞서 궐기하기 때문이다. 민주적인 모든 것은 민중에 의해, 민중을 위해 존재하고, 그 역도 마찬가지이다. 그러나 '1968년 5월'은 이 같은 의회 자유주의의 교의에 이의를 제기한다. 있는 그대로만 두면, 수요·공급의 법칙이 만인에게 번영을 가져다 줄 것이고, 그 역도 마찬가지이다. 그러나 '1911년과 1929년의 위기'는 이 같은 경제적 자유주의의 교의에 이의를 제기한다.(1989 : 318)

여기서 리오타르는 일부 거대 서사가 정초하고 있는 이론적 원리를 붕괴시키는 방식으로 인해 '역사의 기호'가 되어 온 많은 사건들을 제시한다. 리오타르가 첫 번째 사례로 들고 있는 것은, 논리적 사유가 현실을 움켜쥐고 설명할 수 있으며 진보의 이름으로 이를 활용할 수 있다는('현실적인 모든 것은 합리적이다') 사변적 철학에 관한 헤겔의 주장이 이러한 역사의 기호를 구성하는 아우슈비츠 및 다른 죽음의 수용소에서는 더 이상 신성시될 수 없다는 것이다. 왜냐하면 그곳에서 벌어진 일 가운데서는 합리적이거나 진보적인 어떠한 것도 이끌어낼 수 없기 때문이다.

이와 유사한 것으로, 혁명 정당들이 노동계급을 위해 노동계급의 이름으로 복무한다는 공산주의 이념이 공산당에 맞선 숱한 항거들에 도전받는 것을 들 수 있다. 이를테면 1980년 공산주의 정부에 항의하며 연이어 파업을 벌이고, 자유노조Solidarity를 결성하여 훗날 자국에 새로운 정부를 세우게 되는 폴란드 그단스크의 조선소 노동자들을

그 예로 꼽을 수 있다. 1968년 5월에는 유럽과 미국의 학생 및 노동
자들이 자유주의적 의회 민주국가의 폭력과 그들이 찬성하지 않았음
에도 그들의 이름으로 행해진 전쟁에 맞서 저항하였다. 마지막으로
리오타르는 전 세계에 걸쳐 진행된 1929년의 경제 불황이 자본과 재
화의 자유로운 이동은 필연적으로 만인을 위한 부와 자유의 증가를
가져온다는 자본주의의 이념을 반박하는 것이라고 주장한다. 각각의
사례는 거대 서사가 자유의 이상을 향한 역사적 진보의 구축을 구체
화하는 데 바탕이 되는 체제에 도전함으로써, 거대 서사를 조직하는
핵심 원리 가운데 하나의 심장부에 타격을 가한다.

　이로써 이 사건들은 "모더니티의 소멸defaillancy(취약함, 결핍, 실패
등을 의미)을 보여 주는 그토록 많은 기호들"(1989 : 318)이 된다. 근대
성, 곧 모더니티의 거대 서사들을 정초하는 원리는, 그것으로써 설명
될 수 있어야 하지만 불가능한 사건들로 정당성을 의심받게 되고, 결
국 포스트모더니티의 가능성으로 향하는 길을 가리키면서 붕괴한다.
「보편사에 관하여」에서 리오타르가 제기하는 문제는 근대적 거대 서
사들에 존재하는 이러한 결함들을 딛고 어떻게 계속 나아갈 수 있을
것인가 하는 점이다. 리오타르는 여러 가능성들이 존재하며 "우리는
그 가능성들 가운데서 결정해야 한다. 심지어 우리가 아무것도 결정
하지 않는 것도 결정하는 것이 된다. 심지어 우리가 침묵하고 있는
것도 말하는 것이 된다. …… 이는 포스트모더니티라는 말이 가장
이질적인 전망들을 동시에 지시할 수 있는 이유이다."(1989 : 319)라
고 주장한다. 바꾸어 말하면, 거대 서사에 동화될 수 없는 채로 남아
있는 사건들로 거대 서사가 붕괴되면서, 역사적 탐구의 기능과 구조

를 재고하지 않을 수 없게 되었다는 것이다.

그러나 단 하나의 대안만이 있다는 말은 아니다. 포스트모던 역사 서술론historiography은 역사가의 철학적·정치적 이념과 목적에 따라 갖가지 다양한 형식들을 취할 수 있(고 또 취한)다. 그리고 종종 있는 일이지만, '역사의 기호들'에 의거하여 거대 서사에 이의가 제기되고 있음에도 거대 서사를 계속 대안으로 붙들고 있을 수도 있다. 역사의 정치학과 분쟁에 관한 리오타르의 설명을 듣기 전에, 먼저 리오타르와 좋은 대조를 이루는 중요한 포스트모던 역사 분석의 두 가지 사례를 짧게 개괄하고자 한다.

역사와 포스트모던 : 보드리야르와 제임슨

프레드릭 제임슨Fredric Jameson과 장 보드리야르Jean Baudrillard는 모두 20세기 후반 역사적 탐구에 나타난 변화의 흐름에 동참하는 최근의 포스트모던 이론가들로서, 둘 다 포스트모더니즘과 관련하여 역사에 대한 사유가 갖는 중요성을 강조한다. 그러나 이에 대해 두 사람은 서로 판이한 시각을 지니고 있으며, 그 목적도 다르다. 제임슨이 역사에 대한 마르크스주의적 분석으로 회귀할 것을 요청한다면, 보드리야르는 오늘날의 미디어가 생산하는 시뮬라시옹simulation이라는 가상 현실 속에서 역사가 소멸되었음을 선언한다.

마르크스주의 비평가로서 제임슨은 문화 및 정치에 대해 무엇을 논의하건 역사에 관한 지식이 대단히 중요하다고 주장한다. 사실, 제임슨은 정치적 책임에서 자유롭지 못한 현재를 비판적으로 설명할

수 있으려면 (마르크스주의적) 거대 서사로서의 역사 개념을 유지해야
한다고 역설한다. 따라서 역사적 사건들이

마르크스주의, 곧 필연의 영역에서 자유의 영역을 쟁취하기 위한 집단
적 투쟁인 단일하고 거대한 집단적 이야기의 통일성 안에서만 다시 언급
될 때, 우리는 그 절박함을 되찾을 수 있다. …… 이는 그것들이 단일하
고 광대하며 아직 완성되지 않은 플롯 안에서 매우 중요한 삽화들로서 파
악될 때만 가능하다.(Jameson 1981 : 19-20)

다시 말해, 제임슨은 자유를 위한 인간의 활동이 지니는 중요성을
명심할 수 있도록 문화와 역사를 논의하려면 마르크스주의적 거대
서사가 매우 중요하다고 보는 것이다.

제임슨은 영향력 있는 저서인 『포스트모더니즘Postmodernism』(1991)에
서 포스트모던 문화가 향수로서, 그리고 유행으로 재활용될 수 있는
어떤 것으로서 역사라는 개념을 향유하면서 역사적 사유를 외면한다
고 설명한다. "복고풍의 영화들Nostalgia films은 모든 문제를 재구성하
여 …… 집단적·사회적 차원에 투사시키는데, 그 차원에서는 지금
잃어 버린 과거를 전유하려는 필사적인 시도가 유행의 변화라는 철
칙을 통해 굴절되고 있다."(Jameson 1991 : 19)

제임슨은 포스트모더니스트에게 역사가 유행의 문제가 되었다고
본 것이다. 더 이상 문화나 정치의 기초로서 사유될 수 없게 되면서
역사는 미디어와 예술 안에서 설명력을 상실했고, 그 속에서 유행에
따라 이루어지는 전유appropriation의 문제가 되었다. 예를 들어, 영화

〈포레스트 검프Forrest Gump〉는 (미국의) 관객들이 자신들의 현재 모습을 확인하면서 즐거워할 수 있도록, 그리고 20세기 미국인의 삶에 대한 혼성모방을 표현함으로써 미국 사회와 정치에 내재된 어떠한 모순이나 어려움도 제거할 수 있도록, 미국 역사에 대한 사탕발림 식의 시각을 드러낸다. 〈포레스트 검프〉는 급진적 정치의 잠재력과 전혀 무관하며, 지난 50년간 직면해 온 문제들에도 불구하고 미국의 방식이 진정 유일한 방식이라는 것을, 그리고 이 방식을 따를 때 모든 것이 최고로 잘 되리라는 것을 관객들에게 다시 안심시키는 데에만 이바지할 뿐이다.

제임슨이 보기에, 이는 포스트모더니즘의 커다란 문제점 가운데 하나이다. 오늘날의 자본주의적 문화 속에서 역사는 "그럴듯한 품질의 이미지로 '지나간 것임'을 전달하는 문체론적 함축"(Jameson 1991 : 19)으로서 사고 팔리기 위한 상품 이상의 것이 아니다. 그렇기 때문에 제임슨의 목적은 역사를 잃어버린 포스트모더니즘을 비판하고 거대 서사에 대한 마르크스주의적 해석으로 돌아가자고 촉구하는 것이 된다.

보드리야르의 작업은 제임슨과 전혀 다른 방향으로 전개된다. 제임슨과 마찬가지로 보드리야르도 거대 서사의 어떤 형식으로서 역사를 사유하는 가능성을 붕괴시키는 것으로 포스트모더니즘을 이해하지만, 그는 포스트모더니즘을 보편사의 '의미 창출sense-making' 구조에 대한 적극적인 도전이라고 표현한다. 보드리야르는 『종말의 환영The Illusion of the End』에서 "1980년대에 역사는 반대 방향으로 돌아섰다."(B-audrillard 1994 : 10)고 주장한다. 한때 지식과 자유를 향한 진보를 서술한 것(리오타르가 거대 서사와 동일시하는 것)으로 생각되었던 역사는 사건들의 발생과 이에 대한 미디어의 묘사가 동시에 일어나게 됨에 따라 고립되었고, 한때 역사가 담보해 내리라 기대되었던 통합적 추진력은 유일한 목적이 방송 시간을 채우는 데 있는, 사건들에 대한 경쟁적 해석들의 무한한 다양성으로 변형되었다. 포스트모던 미디어의 시대에 대해 보드리야르는 다음과 같이 주장한다.

우리는 사건들에 앞서 사건들이 몰려드는 공허를 비우는 새로운 사건들을 이야기할지도 모른다. 이 사건들은 단 한 가지에만 열중하고 있는 것으로 보인다. 잊혀지는 것 말이다. 이것들은 해석을 위한 어떠한 여지도 거의 남겨 두지 않는다. 사건들로 하여금 자신들에게 의미를 부여하려는 어떠한 욕망에서도 벗어나게 하고 지속되는 역사의 강력한 유혹을 피해 가도록 만드는 그 모든 해석이 동시에 가능하다는 점을 제외하면 말이다. …… 사건들은 자신들의 그림자보다도 빨리, 대부분 예견되지 않은 채로 도래하지만, 결과를 남기지 않는다. …… 사건들이 제 힘으로 모든 것을 형성하고 소실점, 곧 미디어 주변의 공허를 향해 예측할 수 없이 헤맨다는 느낌이다. (1994 : 19)

미디어는 새로운 정보나 그 이상의 해석을 향해 냉정히 전진함으로써, 사건들을 동시에 소비하고 즉시 잊어버릴 수 있도록 만든다. 빛의 속도보다도 더욱 빨리 움직이는 듯한 사건들을 대상으로 미디어가 '관점'과 논평을 곁들여 열광적으로 쏟아 내는 논의들과 무한한 연결의 다양성 속에서 인과관계에 대한 감각은 상실된다. 가장 탁월한 해석이란 가장 신속하게 등장하는 해석에 불과해 보일 정도로 논의가 범람하는 가운데, 사건의 현실성 자체는 사라지고 청중들에게는 끊임없이 재연되고 재생산되는 시뮬라시옹만 남는다.

　논란을 불러일으켰던 "걸프전은 일어나지 않았다"라는 보드리야르의 유명한 주장은 이를 바탕으로 이루어진 것이다. 미디어 보도의 홍수, 폭력이 배제된 것처럼 보이는 이미지들의 현란한 활용, 학자들과 논평자들(새로운 무기의 효능을 몹시 광고하고 싶어 했던 군수산업 대표자들을 포함하여)에 의해 무한하게 증식하는 이론들, 미군조차 군사적 행동의 영향을 파악하고자 어느 정도는 CNN 방송에 의존해야 했던 사실 등등으로 인해, 보드리야르는 시뮬라시옹과 선전 활동을 현실과 구별하는 것이 불가능했으며, 심지어 이것들이 직접적으로 연관되어 있었다고 주장한다.(Baudrillard 1995 참조)

분쟁, 그리고 역사의 기호

이상의 이론가들과는 대조적으로, 리오타르는 거대 서사의 붕괴에도 불구하고 지속적으로 역사를 사유하고 서술하는 것의 중요성을 강조한다. 제임슨과 달리, 리오타르는 특정한 방향을 조직하는 서사로 돌아가자고 제안하지는 않는다. 그러나 역사의 완전한 붕괴를 말하지는 않는다는 점에서 보드리야르와도 구별된다. 이 장 앞부분에서 소개한 아우슈비츠에 관한 분쟁이 보여 주려 했던 것처럼, 포스트모던 비평가의 임무는 근대성, 곧 모더니티의 거대 서사 이후에 등장한 어떤 새로운 시대를 비난하거나 찬양하는 데 있는 것이 아니라, 오늘날의 담론 양식들을 구체화시킨 아우슈비츠와 같은 사건들로 끊임없이 되돌아감으로써 그 안에서 침묵당하고 있었던 목소리들을 발견하는 데 있다.

거대 서사들의 몰락 이후에도 역사를 계속 논의한다는 차원에서, 리오타르는 다시 칸트의 철학으로 돌아간다. 칸트의 철학에서 리오타르는 역사를 단지 서로 무관한 사건들의 임의적 계열로 보지 않고 하나의 전체로서 계속 생각해 나가면서도, 거대 서사들의 재료가 되는 역사의 진보에 관한 위압적인 설명('이 같은 신념들에 따라 행동하면 세상은 나아질 것이다')을 제시하지 않는 역사 서술 방식을 찾아낸다.

그렇기 때문에, 리오타르가 말하는 역사는 보드리야르가 이야기하는 미디어 기반의 가상현실과 제임슨이 되돌아가려는 거대 서사적 정당화 사이의 어딘가에 위치한다. 거대 서사로 만들지 않고도 전체로서의 역사 개념을 상정할 수 있는 이유는, 구체적인 것들과 관계하는 개념concept과 규제적 역할을 담당하지만 직접적인 경험과는 무관한 이념idea을 칸트가 구별하기 때문이다.(2장 참조) 칸트는 '역사'와 '진보'가 모두 구체적인 사건들의 위치가 결정될 수 있도록 만드는 도식을 생산한다는 점에서 이념에 해당하고, 각각의 특정한 역사적 사건은 개념들로 파악되고 서술된다고 본다. 칸트가 역사를 논의하는 목적은 역사와 진보가 존재한다고 확신하는 것이 어떻게 가능한지, 그리고 역사와 진보가 실제로 존재한다면 개별 사건들 사이의 관계를 조직하는 데 어떻게 작용하는지에 관한 문제들을 제기하는 것이다.

칸트는 역사의 진보에 관한 이념이 없다면 "세계라는 거대한 무대 위에서 이루어지는 인간들의 행위"는 오직 "목적 없는 자연의 행로와

맹목적인 우연"으로 보이게 될 것이라고 주장하고, 역사, 계기들, 사건들 사이의 연계는 "이성의 실마리"로 뒷받침되어야 한다고 결론을 내린다.(Kant 1963 : 12-13) 즉, 역사 속 상이한 사건들 사이에 존재하는 연계들에 대해 논의할 수 없다면, 우리에게는 겉보기에 과거의 기억과 시뮬라시옹을 되는 대로 주워 모은 듯한 잡동사니만이 남겨진다는 것이다.

칸트는 「다시 제기된 오래된 질문 : 인류는 계속해서 진보하고 있는가?An Old Question Raised Again : Is the Human Race Constantly Progress -ing?」에서 이 같은 '실마리'에 대해 설명하면서, "중요한 것은 인간에 관한 자연사natural history가 아니라 …… 인간의 도덕사moral history이며, 더 정확히는 지상에서 사회적으로 결속되고 민족으로 분화되는 인간들 전체로서의 …… 인간 역사이다"(Kant 1963 : 137)라고 주장한다. 즉, 칸트는 역사가 세계를 더욱 공명정대하게 만드는 데 필요한 윤리적 투쟁과 결부되어 있다고 보는 것이다. 비록 역사가 거대 서사와 같은 것이 지닌 총체화하는 충동이 되지는 못하더라도, 칸트는 거대 서사가 역사를 보는 방식처럼 역사를 이성과 자유의 진보에 관한 것으로 생각한다. 그러므로 필요한 것은 "더 나은 것으로 나아가는 고유한 원인이 될 수 있는 인류의 성향이나 능력"(1963 : 142)이 존재함을 증명하는 것이다. 칸트에 따르면, 이러한 증명은 "진보가 존재한다는 역사적 기호"(1963 : 143)로서 작용하는 '사건'의 형식을 포착해야 한다.

칸트는 자신이 철학을 전개해 가던 18세기 말에 일어난 프랑스 혁명에서 '역사의 기호'로 작용했던 하나의 사건에 가치를 부여한다. 칸트가 이 사건에서 중요하다고 보는 것은 혁명 그 자체가 아니라, 다른 나라 사람들이 프랑스 혁명을 바라보며 가졌던 시각이다.

우리가 이 시대에 그 전개 과정을 봐 온 재능 있는 국민의 혁명은 성취될지도 좌절될지도 모른다. 지각 있는 사람이라면, 설령 그가 대담하게도 혁명을 다시 한 번 성공적으로 이끌 수 있다고 기대한다 할지라도, 결코 그러한 대가를 치르면서까지 같은 실험을 하겠다고 결심하지는 않으리라 생각될 정도로, 혁명은 비참함과 잔인함으로 뒤덮여 있을지도 모른다. 그럼에도 이 혁명은 (직접 혁명에 참여하지 않은) 모든 관객의 가슴속에서 혁명에 참여하고 싶다는 열광에 가까운 소망을 일깨운다. 이를 그대로 표현하는 것은 위험천만하다. 그렇기 때문에 이러한 공감은 인류의 도덕적 성질 말고는 다른 데 그 원인이 있을 수 없는 것이다. (Kant 1963 : 144)

이 사건에서 진보의 필연성에 대한 기호로서 작용한 것은 혁명적 행위 그 자체가 아니라, 이와 직접적인 관련이 없는 사람들에게까지 사건이 불러일으키는 공감이다. 비록 자신들은 자국에서 위험에 처할지언정, 혁명에 직접 연관되지 않은 사람들이 혁명을 지지하고 혁명의 성공을 바란다는 사실은 혁명이 지닌 도덕적 중요성을 증명한다. 칸트가 볼 때, 이 같은 열광이 가리키는 것은 다름 아닌 인류의 "도덕적 성질"이다. 즉, 프랑스 혁명을 지켜본 사람들에게는 그것이 더 나은 것을 향해 가는 도덕적 진보의 존재를 알리는 기호가 된다는 것이다. 혁명은 이들이 무엇을 해야 하는지 말해 주지는 않지만 (선택은 그들에게 달려 있다.), 이러한 사건들을 마주하였을 때 행동에 나설 것을 강력히 촉구한다.

칸트의 설명 가운데 리오타르가 중요하게 받아들이는 부분은 역사가 전체로서 사유되지만 거대 서사로서 제시되지는 않는다고 하는 점이다. 오직 결론내릴 수 있는 것은 '진보가 존재한다'는 것이다. 이에 대해 리오타르는 다음과 같이 설명한다.

필연이라는 개념은 가장 변변찮은 개념일 수 있는데, 예를 들어 총체화하는 변증법의 형식을 통해 역사를 대문자화[특권화]하는 것을 배제하며, 따라서 제임슨이 역사화하는 것에서 기대하는 것으로 보이는 '풍부한 의미론semantic richness'을 배제한다. (Lyotard 1984b : 74)

그러므로 칸트는 진보 개념을 이끌어 내면서도 '역사의 종말'이 연역될 수 있는 역사적 발전과 관련된 모형을 상정하는 것을 거부하고, 역사적 사건들을 다루는 어떠한 단일한 관점이나 방법론에도 의문을 던진다. 남은 것은 진보가 존재한다는 것, 그리고 무언가 일어나고 그에 대한 응답이 존재해야 한다는 것을 인식하는 일이다. 이러한 진보 개념은 제임슨이 돌아가려는 거대 서사와 다르면서도, 미디어와 시뮬라시옹의 가상현실 속에서 역사적인 지시 관계가 파괴된다고 주장하는 보드리야르의 논의보다 더 의미심장하고 풍부하다.

칸트가 프랑스 혁명에 대해 말한 것처럼, 리오타르가 말하는 역사의 기호들도 혁명을 지켜본 사람들이 자신들의 응답이 어떤 형식으로 나타나야 하는지를 미리 결정하지 않은 채로 응답해 달라고 요청한다. 앞서 「보편사에 관하여」에서 인용했던 여러 이름과 연대年代도 이러한 기호들에 속한다. 리오타르가 인용하는 사건들은 칸트가 말하는 기호와 비슷한 구조를 공유하고 있음에도 진보와 인류의 '도덕적 성질'을 알리는 기호라기보다는, 자신을 보편적인 것으로서 제시하도록 조직하는 체계들의 몰락을 가리키는 기호라고 할 수 있다. 사실, 리오타르는 각각의 기호가 개념적이고 합리적으로 역사를 조직하는 방식들이 의문에 부쳐지고 새로운 사유 방식(새로운 담론 양식)들의 잠재성이 발현될 지점이 된다고 본다.

이 장을 시작하면서 논의했던 아우슈비츠라는 분쟁과 마찬가지로, 역사가 통계적 자료와 경험적 증거만을 한데 모은 것에 불과하다면 더 이상 역사의 기호를 적절하게 다룰 수 없다. 그런 것들보다 기호들은 자신들이 전하는 감정들에 반응하는 일련의 양식들(문학, 정치학, 철학, 또는 아직까지 알려지지 않은 문장 구성 방식들)에 따른 증언과 판단을 요청한다.

이러한 심연과 그 밖의 것들 하나하나는 그 특수성 속에서 섬세하게 탐구될 필요가 있다. 이 모든 것이 판단을 해방시킨다는 사실, 이것들이 감지된다면 판단은 어떠한 기준도 없이 행해져야 한다는 사실, 그리고 이 같은 감정이 결국 역사의 기호가 된다는 사실은 변함없다. 그러나 우리 정치사에 등장하는 대부분의 고유명들이 아무리 부정적인 기호들이라 할지라도, 우리는 마치 그러한 고유명들이 이 역사가 진보로 향해 한 발짝 나아간 것임을 입증하기라도 한 것처럼 그것들을 판단해야 한다. …… 이 한 걸음은 그것이 우리의 감정에 적시되는 단일한 목적의 이념일 뿐 아니라, 그 단일한 목적이란 것이 이념들이 복수複數적으로 형성되고 자유롭게 탐구되도록 하는 데 이미 존재하는 이념이라는 사실, 곧 그 목적이 무한히 이질적인 목적성들을 열어젖히는 데 있다는 사실을 바탕으로 존재할 것이다.(1989 : 409)

여기서 리오타르가 말하려는 바는, 판단이란 그가 역사의 기호와 동일시해 온 것이 요청하는 것인데, 이는 새로운 거대 서사를 지향하는 것이 아니라, 하나하나가 서로 다른 목소리와 가능성을 출현시키는 서사와 양식이 무한히 복수로 나타나도록 역사를 균열시키는 것을 지향한다는 것이다. 그러므로 역사의 기호는 지식에 놓인 하나의 '심연'이 된다. 이 심연은 자신을 포함시켜 설명하려는 담론 양식들을 파열시키고, '기준 없는 판단'을 요청하는 '감정'으로서 후대에 남겨진다. 기호의 토대가 되는 사건 자체는 표현 불가능한 것이지만, 기호는 사건이 실존하였다는 사실을 표현한다. 즉, 이는 숭고한 것이다. 따라서 역사를 사유하는 사람의 임무는 포스트모던 문학 및 예술 작품을 읽으려 하는 것과 꼭 같은 방식으로 이러한 기호들을 읽으려 시도하는 것이다. 이러한 읽기에는 의미를 설명하고자 미리 정해 놓은 규칙 같은 것은 없으며, 어떠한 읽기도 궁극적이거나 한정되어 있지 않다. 그 대신, 읽기는 기호의 유일성과 단독성singularity을 인정하면서도 개방적이고 복수적이어야 한다. 언제나 실마리는 담론 양식들을 개방시킴으로써 이것들에게서 배제된 것을 문장화할 수 있는 새로운 방식들을 발견하는 리오타르의 윤리적 개념에 있다.

역사는 단 하나만 있는 것이 아니다

리오타르는 보편화하는 것으로서의 역사에 대한 설명이 붕괴하는 지점을 포스트모더니티가 표시하고 있다고 주장한다. 그에 따르면, 보편적 진보를 표현하는 특정한 이념들에 충격을 가함으로써 이것들을 모더니티의 거대 서사들의 와해를 알리는 기호들로 만드는 어떤 사건들이 존재한다. 『분쟁』에서 이에 관한 핵심적인 사례로 들고 있는 것은 나치의 강제수용소 아우슈비츠이다. 리오타르는 이 책에서 사변적 거대 서사가 절대적 야만 앞에서 좌초한다고 주장한다. 그러나 아우슈비츠를 비롯한 다른 기호들은 단순한 통계적·경험적 서술 너머로 열려 있다. 이들은 가능한 담론 양식들의 영역을 가로지르며 오는 응답을 요청한다.

역사에 대한 마르크스주의적 해석으로 돌아가자는 제임슨이나 근대적 의사소통에 따른 역사적 지시 대상의 절멸을 이야기하는 보드리야르 등의 포스트모더니스트 저술가들과는 달리, 리오타르는 역사의 기호들에 주목하는 것이 중요하다고 강조한다. 리오타르는 칸트를 따라 역사가 하나의 이념으로서 사유되어야 하지만, 오늘날 역사의 기호들은 역사적 도식들의 환원 불가능한 복수성을 향하며, 비평은 이러한 복수성에 초점을 맞추어야 한다고 주장한다.

05

예술, 비인간, 그리고 사건

포스트모던 예술의 윤리적 의무

앞서 2장은 「질문에 답함 : 포스트모던이란 무엇인가?」에서 개진된 예술의 중요성에 관한 논의들을 탐구하는 것으로 시작한 바 있다. 이 글에서 리오타르는 어떤 것이 항상 표현 불가능한 채로 남는다는 사실, 곧 어떠한 언어 게임(또는 『분쟁』에서 소개된 범주로 표현하면 담론 양식)도 일정한 발화의 가능성들을 배제하고 특정한 목소리들을 침묵시키며 몇몇 사건들의 중요성을 표상하지 못한다는 사실을 예술로 표현할 수 있는 핵심적인 방법으로서 숭고라는 칸트의 개념을 제시했다.

포스트모던 예술은 이처럼 배제되어 침묵당하고 있는 것들을 가리키고 드러낼 수 있는 방법으로서 묘사되었다. 포스트모던 예술과 문학은 형식의 실험을 통해 표현 불가능한 것이 존재한다는 사실을 표현하고, 예술이 수용자를 혼란스럽게 할 수 있다는 인식, 곧 그렇게 함으로써 일반적으로 받아들여지는 현실에 대한 개념들에 적극적으로 의문을 표하고 그러한 개념들과 함께 출현하는 담론 양식들에 도전하는 잠재력을 갖는다는 인식을 강력히 전달할 수 있다.

앞선 두 장에서는 윤리, 정치, 역사에 관한 리오타르의 분석에서 숭고가 차지하는 중요성을 이야기하면서도 예술의 문제는 뒤로 미루어 둔 감이 어느 정도 없지 않다. 그러나 숭고, 분쟁, 역사의 기호는 서로 관련되어 있기 때문에, 예술 및 미학과 관련된 쟁점들이 리오타르 사유의 한 축을 이룬다는 점은 명확히 해 두어야 한다. 분쟁과 기호는 모두 숭고한 감정을 발생시키는데, 리오타르가 보기에 분쟁과 기호를 증언해야 하는 윤리적 의무는 예술이 특히 잘 수행할 수 있는 과업이다. 이 점 때문에 리오타르는 증언이 수반하는 것을 분석할 때 하나의 본보기로서 예술을 종종 사용한다. 그런 점에서 예술은 분쟁을 사유하는 데 본보기가 될 뿐 아니라, 담론 양식이 이루어 낸 합의가 도전받을 수 있는 핵심적인 장소가 된다. 이 장의 목적은 어떻게 이러한 도전들이 출현하는지에 대한 리오타르의 분석 몇 가지를 소개하고, 그의 포스트모던 철학에서 예술과 문학이 수행하는 중요한 역할을 드러내는 것이다.

예술의 역할

리오타르는 저작 전반에서 창조적인 예술가들을 옹호하였는데, 특정 예술가나 작가를 다룬 그의 작업으로 넘어가기 전에, 이 책이 지금까지 살펴봤던 텍스트 몇 개에서 예술이 어떤 자리를 차지하고 있는지 간단하게 요약하는 것도 의미 있는 작업일 것이다. 여기서 리오타르가 포스트모던 예술을 설명할 때, 이를 단순히 예술적 또는 서사적 스타일과 관련하여 최근에 나타난 것으로 설정하지 않는다는 점을 기억할 필요가 있다. 리오타르는 유행이나 놀이성playfulness의 문제들에 관심이 없다. 그보다는 예술의 역할이 합의를 방해하거나 무산시키고, 경험을 문장화할 수 있는 방식들의 범위를 늘리는 새로운 형식과 목소리의 출현을 가능하게 한다는 데 관심이 있다.

리오타르는 「질문에 답함 : 포스트모더니즘이란 무엇인가?」에서 다음과 같이 주장하며 포스트모던 예술가와 철학자를 비교한다.

> 포스트모던 예술가나 작가는 철학자의 입장에 있다. 작가의 텍스트나 예술가의 작품은 원칙적으로 기존 규칙들에 지배되지 않는다. …… 그러한 규칙과 범주는 작품이나 텍스트가 찾아나서는 것들이다. 그렇기 때문에 예술가와 작가는 규칙 없이, 그리고 나중에 만들어지게 될 것에 대한 규칙을 만들고자 작업하는 것이다. 이것이 작품과 텍스트가 사건의 성격을 가질 수 있는 이유이다.(1992 : 15)

아마도 리오타르가 말하는 바는 『분쟁』에서 개진된 주장들을 살펴보고 나서야 명료해질 것이다. 포스트모던 예술 작품은 기존 담론 양식의 규칙들에 따라 전개되지 않는다. 그보다는 표현 불가능한 것이 있음을 표현하려 새로운 표현 수단과 표현 규칙을 탐색한다. 포스트모던 예술 작품은 지금까지 예술의 표현 규칙이라고 여겨져 왔던 것에 이의를 제기하고 이를 무너뜨리는 하나의 사건으로서 나타나며, 이로써 새로운 담론 양식을 생산하고 지식과 정치의 새 장을 여는 잠재력을 지니게 된다. 이 '사건'이라는 개념은 리오타르의 미학에서 결정적인 부분인데, 이에 대해서는 이 장 뒷부분에서 주요하게 다룰 것이다.

『분쟁』에서 리오타르는 「질문에 답함」에서 논의한 개념들에 덧붙여 사유 및 정치와 관련하여 문학이 차지하는 중대한 자리를 마련하고자 한다. "문학, 철학, 정치학이 당면한 문제는 아마도 분쟁들을 표현할 수 있는 어법들을 찾아냄으로써 분쟁들을 증언하는 데 있을 것이다."(1988a : 13) 분쟁, 곧 하나 이상의 대립하는 진영이 침묵에 사로잡히며 갈등이 일어나는 이 장소는 증언을 요청한다. 이는 이미 마련되어 있는 일련의 규칙 몇 가지에 의거하여 분쟁을 해소하는 것의 문제가 아니다. 그보다는 분쟁을 야기하는 갈등의 존재가 드러나야 하고, 증언을 위한 새로운 방법이 모색되어야 한다. 예술과 문학은 개념 및 형식을 가지고 실험할 수 있고 담론 규칙을 실험적으로 다시 작성할 수 있는 능력과 자유를 지니고 있기에, 증언을 위한 새로운 방법을 모색하는 데 결정적인 도구가 될 수 있다. 문학은 정치와 철학 곁에 나란히 위치하여(리오타르는 항상 정치, 철학, 예술을 이러한 관계로 논의한다.), 지배적인 양식들에 의문을 제기하고 이것들이 억압하는 분쟁들을 폭로하는 핵심적인 수단이 된다.

이 같은 진술들은 예술과 문학이 변환을 가능하게 할 잠재력과 관련되어 있다는 견해를 시사한다. 리오타르에 따르면, 예술은 단순히 현실을 반영하는 것이 아니다. 예술은 오히려 기존의 현실을 구성하는 담론 양식에 개입하여 분열과 변화의 가능성을 찾아낸다. 미학에 관해 논의할 때마다, 리오타르는 여전히 초점으로 남아 있는 기존의 개념과 체계에 도전하는 것이야말로 예술이 지닌 잠재력이라고 주장한다.

이 잠재력에 대해서는 1988년에 출간된 리오타르의 중요한 저작 『비인간 : 시간에 대한 성찰들The Inhuman : Reflections on Time』의 도입부에 가장 분명하게 씌어져 있다. 여기서 리오타르는 오늘날의 문화가 사유 일반뿐 아니라 예술에도 명령을 부과하는데, 그 명령은 리얼리즘이라는 규정으로 주어진다고 주장한다. "소통될 수 있도록 하라. 그것이 규정이다. 아방가르드는 케케묵은 것이다. 인간적인 방식으로 인간을 이야기하라. 자신을 인간들에게 보내라. 그들이 당신을 받아들여 즐거울 수 있다면, 그들은 당신을 받아들일 것이다."(1991a : 2)

이는 리오타르가 「질문에 답함」에서 촉구했던 실험에도 동일하게 가해지는 공격이다. 이러한 공식에 따르면, 아방가르드 예술과 문학은 접근 불가능하고 반인간적이며 즐겁지 않은 것으로서 제시되고, 대신 예술가나 작가는 즐거움을 주는 잠재력으로 인류의 흥미를 끌도록 요청받는다. 오늘날 시장에서는 예술의 가치가 대규모 청중들의 흥미를 끄는 능력으로서 제시되며, 성공을 확신하는 최선의 방법은 빠르고 즐겁게, 그리고 즉시 다가갈 수 있는 방식으로 소통하는 것이다. 그러나 리오타르는 "인간적인 방식으로 인간"에 관해 이야기하는 식으로 예술의 임무를 파악하는 것을 수상히 여기고, 예술이 그저 평범한 상품에 지나지 않는다는 생각에 강력하게 저항한다.

리오타르가 언어 게임과 문장에 관해 논의할 때 명백해지듯이, 특정한 문화에서 '인간적인 것'이라고 여겨지는 것은 종류를 막론한 담론 양식 가운데 어떤 것이 공교롭게도 해당 사회 집단을 조직화하는 원리가 되어 널리 용인되는 방식으로 구성된 것에 지나지 않는다. 오늘날 기술적 효용성을 향한 충동과 모든 문제를 시간이나 돈을 아낄 수 있는 방향으로 환원시키려는 경향, 곧 『포스트모던의 조건』에서 자본주의와 동일시되었던 이 같은 흐름 속에서, 리오타르는 '인간'

이 유전자의 총계, 훈육의 결과물, 노동의 산물 등등의 기술적 technical 생산물로 축소된다고 주장한다. 리오타르는 이러한 방식으로 궁극적인 효율성을 추구하는 과정에서 "인류를 비인간화시키며 뒤에 인류를" 끌고 다니는 자본주의의 "전위 기계vanguard machine"에 의해 인간이 비인간적인 어떤 것으로 변형되고 있다고 본다.(1984a : 63) 설명하자면, 인간은 놀라워하거나 낯설어 하는 능력을 잃고 자본주의 기계(두 가지 거대 서사만 덧붙이자면, 마르크스주의와 기독교) 안에서 평범한 톱니바퀴로 환원된다는 것이다.

이러한 기술적 비인간과는 대조적으로, 리오타르는 예술이 비인간의 또 다른 형식을 지향한다고 주장한다. 기술 기반의 사고 체계로는 예견될 수 없고 설명될 수도 없으며 정복될 수도 없는 놀랍고도 기괴한 변형적 가능성들을 움켜쥐는 잠재력이 그것이다. 리오타르는 이러한 비인간의 의미를 "그것을 교란시키고 정신착란에 빠지게 하지만 또한 그로 하여금 사유할 수 있게 만드는 친근하면서도 알려지지 않은 손님에 사로잡힌 심적 고뇌"(1991a : 2) 속에 위치시킨다. 이 비인간은 리오타르가 포스트모던을 지칭하려 사용해 왔던 형상들이 다른 형태로 변형되어 나타난 것이다. 비인간은 숭고, 분쟁, 기호와 같은 방식으로 활동하면서 미리 주어진 사유 구조 없이도 사건들을 사유할 수 있는 가능성을 열어젖힌다. 비인간은 교란시키는 동시에 잠재적으로 해방시키는 것이며, 사유의 임무는 비인간을 증언하는 것이다.

『비인간』에서 리오타르가 비인간성의 두 번째 형식과 연계시키는 존재는 아동이다. 리오타르는 "어린이들이 교육받아야 한다"는 사실은 "단지 본성상 완전히 지배되지 않으며 프로그램화되지 않는다는 사실에서 비롯된 상황"이라고 주장한다.(1991a : 3) 아동은 사회화되지 않은 필요와 욕망이 한데 뭉쳐진 존재로서, '발전'을 둘러싼 지배적 양식들로 전적으로 결정되지 않는 인간 내부의 어떤 것을 암시한다. 19세기의 일부 교육 개념에서 말하는 것처럼 아동이 성인보다 '더욱 인간적'이라는 것이 아니라, 아동이 세상에 진입하는 순간의 '프로그램화되지 않은' 상태가 각각의 모든 성인이 장악하고 있는 사회 조직의 지배에 저항할 수 있는 잠재적 장소를 가리킨다는 것이다.

그런 점에서 리오타르는 인간이란 두 가지 비인간 사이의 갈등에서 나온 산물이라고 본다. 먼저 체제 안에서 가치를 지니지 못하는 인간 내 어떤 것도 절멸시키려 위협하는 자본주의적 개발 및 과학 기술이라는 반인간적 체제가 있다. 그러나 인간이라는 동종同種 안에는 저항을 위한 잠재적 장소가 되는 또 다른 비인간의 기괴한 낯섦이 존재한다. 리오타르는 다음과 같이 말한다.

내가 여기서 제기하고 있는 질문은 간단하게 말해서 이것이다. 이러한 비인간(적 체제)에 대한 저항을 제외하면, '정치'라고 할 수 있는 다른 어떤 것이 남아 있는가? 그리고 태어났고 또 거듭 태어나는 불행하면서도 기특한 불확정성, 곧 또 다른 비인간에 각각의 영혼이 갚아야 할 부채를 제외하면, 저항할 수단으로서 다른 어떤 것이 남겨져 있는가?

유년기에 대한 이 같은 부채는 우리가 갚지 못하는 것이다. …… 그 부채는 글쓰기, 사유, 문학, 예술이 과감히 이를 증언하며 감당해야 하는 과제이다.(1991a : 7)

마음속에 비인간적 불확정성, 곧 사회화되지 않은 아동에 대한 부채가 없다면, 인간은 또 다른 비인간의 형식인 발전주의적 체제에 저항할 수 있는 능력을 상실한다. 리오타르가 이후 주장하게 되는 바와 같이, "이러한 무인지대no-man's-land에 대한 권리는 인간 권리의 진정한 토대이다. …… 인간성은 사람들이 이 무인지대를 가질 때만이 인간적이다."(1997 : 116) 앞에서 길게 인용한 단락의 마지막 문장에서 말하듯, 예술과 문학의 '과제'는 '무인지대'를 증언하고, 무인지대를 완전히 설명하고 통제하고자 하는 체제와 양식이 그것을 몰아내려는 충동에 제동을 거는 것이다. 예술이 인간성을 옹호하고자 하는 것은 그러한 이유에서이다.

아마 비인간의 두 번째 의미에 부여되는 역할과 그 중요성을 가장 강렬하게 말해 줄 수 있는 사례는 리오타르가 『포스트모던의 조건』을 내놓기 전에 출간한 두 권의 책, 곧 『리비도 경제』(1974)와 『뒤샹의 변/형자Duchamp's TRANS/formers』(1977)에 나타난 예술적 증언일 것이다.

마르셀 뒤샹과 산업적 비인간

『리비도 경제』는 리오타르가 '사회주의냐 야만이냐' 집단의 옛 마르크스주의자 동료들과 결별하였음을 확증하는 텍스트이다. 이 책에서 리오타르는 마르크스라는 인물상을 두 가지 성격으로 분리시킨 뒤, 각 성격이 자본주의에 대한 서로 다른 관계를 표상하고 있음을 마르크스의 저작에서 찾아볼 수 있다고 주장함으로써, 마르크스주의를 정면으로 공격한다. 첫 번째 성격은 자본주의의 병폐를 과학적으로 묘사하고 자본주의의 전복을 확정하는 일련의 법칙들을 제공하는 '노인 마르크스'이다. 그리고 두 번째 성격은 자본주의에 유혹당하여 자본주의의 도착倒錯적 육체와 불순한 연애에 휘말리게 되는 '소녀 마르크스'이다.(1993a : 97)

이처럼 자본주의를 비난하는 동시에 그것에 사로잡혀 있다는 점에서, 리오타르는 마르크스주의가 자본주의와 역설적 관계를 맺고 있다고 주장한다. 이 같은 분열은 리오타르의 비인간 논의를 예감케 한다. 노인 마르크스는 조직하는 사람, 곧 모든 것을 자신의 틀에 맞춰 밀어 넣는 마르크스주의의 거대 서사를 생산하는 사람인 반면, 소녀 마르크스는 욕망과 유혹의 체제에 끊임없이 출몰함으로써 이성을 초과하는 비인간적 의미를 지향하는 인물이다.

리오타르가 마르크스를 "야릇한 양성兩性적 조합"(1993a : 96)으로 전도시킨 것은 단순히 옛 동료들의 비위를 건드리기 위해서만이 아니다.(그 목적을 확실히 달성하긴 했다.) 오히려 이러한 전도는 자본주의가 자본주의의 효과를 설명하려는 마르크스주의, 곧 "이론적 담론의 역량을 초과하는"(1993a : 98) 방식을 강조한다.

리오타르는 마르크스주의의 자본주의 분석이 자본주의에 대한 사랑-증오 관계로 말미암아, 발전의 거대 서사로서 사회적 변화를 말하는 자본주의의 개념과 공모하는 상태로 있으며, 결국 마르크스주의는 자본주의와 마찬가지로 자본주의에 말려든 사람들을 이 같은 발전의 대상으로만 서술할 수밖에 없다고 주장한다. 마르크스주의와 자본주의 모두 이러한 사람들 속에서 비인간의 두 번째 의미가 생겨날 여지를 남기지 않는 발전에 대해 설명하는 체계를 내놓는다. 리오타르는 마르크스주의와 자본주의가 19세기 산업혁명 당시 근대 자본주의의 발달을 서술하는 과정에서 노동계급을 이미 일어난 변화에 역행하며 질질 끌려가는 가축과도 같은 존재로 묘사한다고 주장한다. 리오타르는 유난히 자신에 대한 비판자들을 격분시켰던 아래의 단락에서 산업화를 다른 식으로 묘사한다.

영국의 프롤레타리아트를 보라, 자본, 말하자면 그들의 노동이 자신들의 육체에 가한 것을 보라, 그러나 여러분은 내게 말할 것이다, 이는 그것 〔예컨대 자본가를 위해 일하러 가는 것〕 아니면 죽는 것이라고. …… 혹시 여러분은 '그것 아니면 죽음'이 양자택일 가능한 것이라고 믿는가?! 프롤레타리아트가 그것을 택한다면, 기계의 노예가 된다면, 기계의 기계가 된다면, 기계와 성교하는 존재가 된다면, 8시간, 12시간, 온종일, 해마다 그렇게 된다면, 이는 그들이 그렇게 하도록 강제로 몰렸기 때문에, 그들이 삶에 애착을 갖고 있기 때문인가? 죽음은 삶의 대안이 아니다, 죽음은 삶의 일부이다, 죽음은 그 안에 **향락**jouissance이 존재한다는 사실을 증명한다, 실직 상태에 있던 영국인은 살아남고자 노동자가 되었던 것은 아니다, 마음 단단히 먹고 나를 욕하라, 이들은 히스테릭하고 마조히즘적인 것을 즐겼다enjoyed, 광산에서, 주물 공장에서, 제조 공장에서, 지옥에서 어떤 식으로 소모시키는 데 매달렸는지 간에, 이들은 향락을 즐겼다, 실제로 이들에게 떠맡겨진 자신들의 유기적 신체를 미친 듯이 파괴하며 즐거워했다, 이들은 자신들의 개인적 정체성, 곧 농업 전통을 바탕으로 이루어진 정체성을 해체하며 즐거워했다, 가족과 촌락이 소멸하는 데서 즐거워했다. 그리고 도시 근교와 선술집이 밤낮으로 선사하는 새롭고 무시무시한 익명성을 즐겼다.(Lyotard 1993a : 111)

이는 크게 논란이 된 주장으로, 리오타르는 이로 인해 엄청난 비판을 받아야 했다. 실제로 리오타르가 말하고 있는 바는 노동계급의 산업화 경험 내부에 '즐거움enjoyment' 또는 '향락jouissance'의 가능성이 존재한다는 것이다. 리오타르는 노동자들이 자본주의와 어떤 기이한 마조히즘적 관계에 빠져들었으며, 그들의 육체가 광산과 공장에서 겪는 고통과 괴로움을 자발적으로 받아들였다는 것을 암시한다. 그러나 중요한 것은 리오타르가 확실히 자본주의의 착취와 그것이 일으키는 괴로움이 좋은 것이라고 주장하진 않았다는 점이다.

핵심적인 용어는 프랑스어 '향락'이다. 이 용어는 영어로 종종 '즐거움'이라고 번역되지만, '즐거움'이란 말은 프랑스어 개념이 담고 있는 뜻을 충분히 전달하지 못한다. 향락은 즐거움을 의미하지만, 또한 황홀경과 성적 흥분의 절정을 시사한다. 향락은 과도한 의식의 통제를 받는 합리적 사유의 한계를 뛰어넘는 지점을 향할 뿐 아니라, (임신과 출산을 통한) 변형의 가능성을 시사하기도 한다.

리오타르는 이상의 모든 의미를 활용하여, 공장 노동자들에게 일어나는 것이 바로 이들의 인간성이 변형되는 것임을 주장하고자 한다. 이 '지옥'에서 일하는 동안, 노동자들은 변했다. 이들의 육체는 노동조건들에 대처하는 방식을 바꾸며, 이들이 세계와의 관계를 체험하는 장소는 전원적 농촌에서 새로운 도시의 교외로 변환된다. 그렇기 때문에 『리비도 경제』에서 변형의 가능성을 포함하면서 비평이 개입할 지점이 되는 것은 노동자들의 육체와 욕망이다. 더 정확히 말하자면, 변화는 공장과 광산의 비인간성에서 그들을 살아남도록 만든 정체성 내부의 비인간적인 향락에서 온다.

『뒤샹의 변/형자』에서 전개된 리오타르의 논의에 따르면, 이러한 인간 신체의 변형은 프랑스 출신 아방가르드 예술가 마르셀 뒤샹 Marcel Duchamp(1887~1968)의 작품에서 포착된다. 뒤샹의 예술은 산업주의의 파편을 자양분으로 삼고 있다. 뒤샹은 '레디메이드ready-made', 곧 자전거 바퀴나 남성용 소변기 같은 물건이 단순히 갤러리에 놓이거나 제목이 달리는 것만으로도 예술로 변형된다는 점을 보여 준 것으로 유명하다. 그 외에도 그는 인간의 신체를 뒤틀어 표현한 작품들로도 널리 알려져 있는데, 캔버스를 가로질러 왼쪽 상단에서 오른쪽 하단으로 내려오는 신체의 움직임을 연속적인 붓놀림으로 묘사하는 〈계단을 내려오는 누드Nude Descending a Staircase〉(1913), 옷을 벗는 모습이 남성 집단에 목격되는 장면을 암시하는 기계 오브제들을 유리 격자 안에 한데 모아둔 〈심지어, 자신의 구혼자들에 의해 발가벗겨진 신부(큰 유리)The Bride Stripped Bare by Her Bachelors, Even(The Large Glass)〉(1912), 폭포 옆에 누워 있는 벌거벗은 여성의 토르소가 문구멍 너머로 보이는 〈주어진 것 : 1. 폭포, 2. 조명용 가스Given 1. The Waterfall, 2. The Illuminating Gas〉(1946~1966) 등의 작품을 그러한 예로 들 수 있다.

리오타르는 뒤샹의 예술을 노동자들의 육체에서 소비되는 것과 유사한 향락을 지향하는 것으로 읽어 낸다. 뒤샹이 공장을 묘사한다거나(그는 그러지 않는다.) 그의 작품들이 역사에 관련된 내용을 담고 있다(그의 작품들에는 그런 내용이 없다.)는 말은 아니다. 그보다 리오타르는 뒤샹의 회화나 미술품들이 인간의 형상이나 일상적으로 사용되는 물품을 고른 뒤 이를 낯설고 불온하며 심지어 우스꽝스럽기까지 한 어떤 것으로, 정확히 말하자면 비인간적인 어떤 것으로 변형시킴으로써 관람자를 어리둥절하게 하는 방식에 주목한다. 그런 점에서 노동자들에게 일어난 것과 뒤샹의 예술에서 표현된 것 사이에는 유사성이 존재한다. 리오타르는 둘 다 "인간적이라고 여겨지던 것의 측정 불가능한 막대함demeasurement으로, 용인될 수 없다고 간주되었던 상황들에 대한 용인으로"(Lyotard 1990b : 15) 우리를 인도한다고 주장한다. 예술이라는 영역에서 뒤샹은 예술 작품이란 어떠해야 한다는 식의 기존의 신념들에 아방가르드적 도전을 감행함으로써, 노동자들의 경험이 인간 존재가 어떻게 살아남을 수 있을지에 대한 관념들을 붕괴시키는 것처럼 인간 존재의 안정성에 대한 감각을 훼손시킨다. 뒤샹 예술의 관점에서 보면, 그리고 산업화의 그늘 아래에서는, 인간이 인간일 수 있도록 만드는 것이 무엇인지에 대한 의미가 변하는 것이다. 그럼에도 불구하고 리오타르는 뒤샹이 인간에 대한 대안적 설명을 제시한다고 보지는 않는다. 그보다 뒤샹의 예술은 그 중심에서 비인간적인 것을 증언한다. 인간의 신체와 그 주변을 혼란시키는 불온하리만치 익살스러운 방식을 사용함으로써 뒤샹의 예술은 제한되거나 해석되는 것을 거부하며, 우리가 예술에 응답하도록 자극한다.

마르셀 뒤샹의 〈계단을 내려오는 누드〉(1913)
리오타르는 『뒤샹의 변/형자』에서 뒤샹의 예술을 노동자들의 육체에서 소비되는 것과 유사한 향락을 지향하는 것으로 읽어 낸다. 뒤샹의 예술은 산업주의의 파편을 자양분으로 삼고 있다. 뒤샹은 예술 작품이란 어떠해야 한다는 식의 기존의 신념들에 아방가르드적 도전을 감행함으로써, 노동자들의 경험이 인간 존재가 어떻게 살아남을 수 있을지에 대한 관념들을 붕괴시키는 것처럼, 인간 존재의 안정성에 대한 감각을 훼손시킨다. 뒤샹 예술의 관점에서 보면, 그리고 산업화의 그늘 아래에서는, 인간이 인간일 수 있도록 만드는 것이 무엇인지에 대한 의미가 변하는 것이다.

『1984』와 전체주의에 대한 저항

따라서 리오타르는 뒤샹의 작품을 이전에 산업 발전이 규정한 인간의 범주가 절멸되었음을 증언하고자 비인간의 두 번째 의미가 나타나는 지점으로 제시한다. 붕괴가 형상화되거나 표현되는 지점이 예술과 문학이라고 보고 이에 접근하는 것은 포스트모던을 다룬 리오타르의 저작 전반에 걸쳐 계속된다. 문학에서 이런 예를 찾아보려면, 후기에 씌어져 『포스트모던 해설』에 수록된 「저항에 관하여A Gloss on Resistance」를 살펴보는 것이 좋을 듯한데, 이 글에서 리오타르는 영국의 소설가이자 저술가인 조지 오웰George Orwell(1903~50)의 『1984 Ninete-en Eighty-Four』를 논의하기 때문이다. 여기서 리오타르는 비인간적 체제 사이의 충돌을 사유하는 것의 중요성과 그 안에서 펼치는 저항의 가능성, 이러한 저항을 표면화하는 방법으로서 문학이 갖는 역량 등을 역설한다.

오웰의 『1984』는 윈스턴 스미스라는 인물에 관한 이야기이다. 윈스턴 스미스가 시민으로서 살아가고 있는 곳은 '제1공대Airstrip One'(이곳은 '오세아니아'로 불리는 아메리카 제국의 전초지역이 되는 미래의 영국으로 설정되어 있다.)로, 모든 것이 사악한 '빅 브라더'의 통치 아래 규제되는 곳이다. 사람들의 삶은 엄격하게 통제되고, 정치 선전들이 쏟아져 나오는 통로이기도 한 '텔레스크린'으로 끊임없이 관찰된다. '신어Newspeak'가 개발되고 옛 영어 단어들은 폐기됨에 따라, 언어는 점점 더 제한된다. 심지어 시민들이 가장 깊이 간직하고 있는 신념들조차 '사상경찰Thought Police'의 조사를 받지 않으면 안 된다. 『1984』는 윈스턴이 당의 권력에 대항하다 결국 체포되어 심문받는 과정을 따라간다. 윈스턴은 불법으로 비밀 일기를 작성하고, 줄리아라고 하는 젊은 동료와 허가받지 않은 사랑을 나누게 된다. 이후 윈스턴은 오브라이언이라는 사람을 만나 (아마도 실재하지 않았을) 테러 조직에 충성을 맹세하게 되지만, 나중에 이것이 당원이었던 오브라이언의 속임수로 밝혀지면서 윈스턴은 사상경찰에 체포된다.

내용을 개관해 볼 때, 혁명의 활력을 발견하려고 한다면 『1984』는 매우 절망적인 소설처럼 보일 수도 있다. 국가에 대한 윈스턴의 도전이 무위로 돌아가고 그가 오브라이언에게 완벽히 패배하기 때문이다. 그러나 리오타르의 관심을 끄는 것은 중심인물의 행위가 아니다. 리오타르는 오웰의 소설이 어떻게 문학 특유의 관점에서 전체주의적 사회를 묘사함으로써 이에 도전하는지를 살펴보는 것에서 출발한다. 리오타르는 다음과 같이 주장한다.

(『1984』에서) 오웰은 관료주의에 대한 이론적 비판으로 나아가지 않는다. 전체주의를 다루고 있는 이 소설은 정치 이론이 되려고 하는 것이 아니다. …… 그러나 문학적 글쓰기, 예술적 글쓰기는 결여를 필요로 하기 때문에, 지배 또는 완전한 투명성을 향한 기획에는 협력할 수 없다. 심지어 본의가 아닌 경우에서조차 그러하다.(1992 : 88)

여기서 리오타르가 암시하는 바는, 관료주의적 지배의 형식들은 모든 것을 자신들 나름대로 설명하는 담론 양식들로 환원시킴으로써 완전한 투명성을 요구하는데, 이러한 관료주의적 지배의 형식들에 저항하는 무언가가 바로 문학적 글쓰기라는 양식 안에 존재한다는 것이다. 비평이 텍스트에 대한 전체적인 설명을 제시한다면 그 자체로 지배의 형식이 되지만, 텍스트에는 비평에 '협력하지 않는' 무언가가 존재하기 때문에 그러한 비평은 실패하기 마련이다. 바꾸어 말하면, 문학과 예술 그 자체는 저항의 양태이다. 문제는 어떤 형식이 이러한 저항을 떠맡는가이다.

리오타르는 윈스턴이 불법으로 일기를 쓰겠다고 결정하고 스스로 이를 "최초의 저항 행위"(1992 : 88)라고 평가하는 데 초점을 맞추는 것으로 『1984』에 관한 논의를 시작한다. 일기 자체는 혁명적 진술들과 글쓰기라는 행위에서 비롯된 기억 및 감정이 혼합된 것이다. 일기를 씀으로써 윈스턴은 삶의 잊혀진 순간들을 떠올릴 뿐 아니라, 그 순간들과 현재 사이에 지금까지 가능하지 않았던 연결 고리를 만든다는 점에서, 글쓰기는 발견의 형식이라고 할 수 있다. 리오타르는 이 같은 글쓰기가 전체주의에 저항하는 것이기는 하지만, 그럼에도 그 앞에서는 취약하다고 본다. 일기 속에서 구성된 서사는 관료주의적 질서가 끝내 억압시킬 수 없는 생각들을 이끌어 냄으로써, 빅 브라더의 지배가 절대적이지만은 않다는 것을 밝혀낸다. 그러나 오브라이언에게 발견된 윈스턴의 일기가 오브라이언이 윈스턴을 심문하며 파멸시키는 데 사용되는 것을 볼 때, 글쓰기는 동시에 윈스턴의 취약하고 무력한 부분을 내보이는 것이기도 하다. 리오타르는 이러한 저항과 취약성의 결합이 모든 글쓰기 행위에서, 특히 문학적 글쓰기 행위에서 발생한다고 주장한다. "전체주의의 음험한 위협 앞에서 ······ 글쓰기는 글쓰기만의 취약성과 활력을 탐구하는 바로 그 과업을 하나하나 상세하게, 말들이 나타나거나 나타나지 않는 불안정한 상태

속에서, 말의 우연성을 받아들이는 능력을 통해 수행해야 한다."(199
2 : 89)

리오타르는 일기라는 글쓰기에 대한 이와 같은 분석을 바탕으로
글쓰기 자체의 저항성을 논의할 수 있게 된다. 리오타르는 문학적 글
쓰기와 예술적 창조물이 체제의 봉쇄에 반대하는 방향으로 작동하며,
체제의 붕괴 가능성을 폭로하는 수단으로서 기능한다고 주장한다.
"우리는 언어에 맞서 글을 쓰지만, 필연적으로 언어로써 글을 쓴다.
…… 우리는 언어를 위반하고, 유혹하며, 언어가 모르는 어법idiom을
도입한다"(1992 : 89)는 것이다.

문학적 글쓰기는 언어를 사용하지만, 자신이 사용하는 언어에 새
로운 어법들(발화 방식, 또는 리오타르의 용어를 쓰자면, 문장을 연결하는
방법)을 도입한다. 이러한 방식을 통해 글쓰기는 리오타르가 '사건the
event'이라고 부르는 것을 이해할 수 있는 공간을 창출한다. 이와는
대조적으로 체제는 사건들을 통제하여 그 가치를 계산하고, 사건들의
의미를 기존의 범주로 환원시키려 한다. 즉, 사건은 "(역사의, 정신의)
쓰레기통으로 향한다. 하나의 사건은 오직 지배자의 견해를 뒷받침할
때에만 되살아날 것이다."(1992 : 90)

그러므로 리오타르에 따르면, 예술가나 작가의 임무는

사건이 처음 일어났던 순간을 지켜 내고자 사건의 상처가 아무는 것에
맞서, 사건이 '유치함'으로 범주화되는 것에 맞서 싸우는 것이다. 이는 관
료주의가 낳은 신어Newspeak에 맞서 글쓰기로 벌이는 싸움이다. 신어는
(무언가) 일어나고 있는 (것에 대한) 경이로움을 훼손시켜야 하기 때문이

다. (1992 : 91)

　다른 말로 하면, 예술과 문학의 핵심적인 능력은 리오타르가 '사
건'이라고 부르는 것의 발생을 증언하는 것이다. 이미 세계를 이해한
방식대로 이러한 사건을 파악하려는 체계의 사유와는 달리, 예술은
사건에 대한 철저한 분석이나 설명을 반드시 제공하지 않더라도 사
건의 발생을 표현한다. 예술은 세계를 경이롭게 만듦으로써 그에 관
한 연구와 사유를 가능케 하는 것이다. 그렇다면 다음과 같이 물어볼
수 있겠다. 리오타르가 '사건'을 통해 말하고자 하는 바는 무엇인가?

사건

'사건'이라는 개념은 이 책에서 지금까지 살펴본 리오타르의 사유에
나타난 여러 주제들을 이해하는 데 무척 중요하다. 사건은 기존의 담
론 양식들에 이의를 제기하고 사건을 포섭해 온 모든 것을 재고하라
고 요청한다. 사건은 여러 면에서 포스트모더니즘이 생겨나는 계기가
된다. 가장 예리한 리오타르 주석자 가운데 한 사람인 레딩스는 사건
을 아래와 같이 정의한다.

　　하나의 사건은 하나의 발생이다. …… 말하자면, 그러한 것으로서 사건
　　은 무언가 일어난다는, 그리고 이후에 같은 것이 다시 존재하지 않을 것
　　이라는 사실 또는 상태이다. 사건은 자신을 재현하고 이해할 기존의 어떤
　　준거 체계라도 붕괴시킨다. 사건의 사건성the eventhood은 일어남에 대한

본질적인 단독성singularity, 곧 '일어나고 있는 것'이라는 뜻과 구별되는 '일어난다'를 말한다.(Readings 1991 : xxxi)

이는 복잡하게 서술되어 있지만, 리오타르의 사건 개념을 핵심적으로 설명한다. 여기서의 목표는 사건이 함축하고 있는 의미가 무엇인지, 그리고 리오타르의 사유에서 어떻게 예술과 문학이 사건이 일어나는 훌륭한 장소가 되는지 명확히 하는 것이다.

사건의 의미, 사건과 예술의 관계에 관한 리오타르의 가장 자세한 논의는 『비인간』에 수록된 글들 가운데 미국의 아방가르드 예술가 바넷 뉴먼Barnett Newman(1905~1970)을 다룬 두 편의 글 「뉴먼 : 그 순간Newman : the Instant」과 「숭고와 아방가르드The Sublime and the Avant-Garde」에서 일부 확인할 수 있다. 리오타르가 뉴먼에 주목하는 부분은 그의 작품에서 발견되는 명백한 단순성이다. 뉴먼의 그림은 종종 단색으로 칠한 캔버스 위에 한두 개 정도의 수직선을 그리는 것으로 이루어진다.

리오타르는 뉴먼의 이 같은 미니멀리즘이 자본주의가 강요하는 사회적 적응 및 예술이란 세계를 재현하거나 그에 관한 이야기를 들려줘야 한다는 인간주의적 관념에 대한 저항을 표현한다고 본다. 리오타르는 "뉴먼의 그림은 이야기와 조형적 의미에서의 적나라함plastic nudity 사이의 대비를 이끌어 낸다. …… 주어지지 않은 것이 무엇이라고 말할 수 있는가? 묘사하기란 어렵지 않지만, 묘사는 쉽게 풀어 쓰는 것만큼이나 맥 빠지는 것이다. …… '소모'시킬 만한 것은 거의 아무것도 없다."(1991a : 80)고 주장한다. 그렇기 때문에 뉴먼의 그림에 대한 반응은 즉각적이다. 뉴먼의 그림을 본다는 것은 아무런 숨겨진 의미도 시사하는 바 없고 판독되어야 할 복잡한 기교를 감춰 둔 것으로 보이지도 않는, 이해하거나 해석할 시간이 필요 없는 그림과 대면하는 것이다. 그러나 이 이미지는 사람들의 발걸음을 멈추게 하고 숭고의 기분을 불러일으킴으로써 보는 이를 사로잡는다.

리오타르에 따르면, 뉴먼의 그림이 일으키는 숭고한 느낌은 경험에 대한 일상적 의식을 혼란시키는 시간의 또 다른 감각, 곧 사건의 시간에 다가갈 수 있게 해 준다.

단지 지금now에 불과한 뉴먼의 〈지금now〉은 의식에 알려지지 않은 것이며, 의식으로 구성될 수 있는 것도 아니다. 오히려 그것은 의식을 분해시켜 의식이 가진 권력을 빼앗는 것이고, 의식이 형식화할 수 있는 것이 아니며, 심지어 의식이 스스로를 구성하려고 망각하는 것이다. 우리가 형식화하지 못하는 것은 무언가 일어난다는 것, 그것이다. …… 또는 더욱 간단하게는, 그저 일어난다는 것, 그것이다. …… 이는 미디어가 주목할 만한 주요 사건도 아니고, 그렇다고 작은 사건도 아니다. 그저 발생하는 것이다. …… 하나의 사건, 발생은 극히 단순한 것이지만, 이 단순성은 오직 박탈의 상태를 통해서만 접근 가능하다. 사유라고 불리는 것이 무장해제되어야 하는 것이다. (1991a : 90)

뉴먼의 그림에는 생각해야 할 것이 거의 없지만 보는 이가 받는 충격은 매우 즉각적이고 강렬하기 때문에, 이를 의식적으로 비평하려는 노력은 물거품이 된다. 그림의 명백한 단순성은 그것이 무엇인지

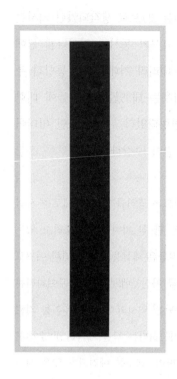

뉴먼의 〈Now Ⅱ〉, 1967년

"단지 지금now에 불과한 뉴먼의 〈지금now〉은 의식에 알려지지 않은 것이며, 의식으로 구성될 수 있는 것도 아니다. 오히려 그것은 의식을 분해시켜 의식이 가진 권력을 빼앗는 것이고, 의식이 형식화할 수 있는 것이 아니며, 심지어 의식이 스스로를 구성하려고 망각하는 것이다. 우리가 형식화하지 못하는 것은 무언가 일어난다는 것, 그것이다. ……"

리오타르는 뉴먼의 미니멀리즘이 자본주의가 강요하는 사회적 적응 및 예술이란 세계를 재현하거나 그에 관한 이야기를 들려줘야 한다는 인간주의적 관념에 대한 저항을 표현한다고 본다.

에 대한 지식 없이 어떤 것이 일어났다는 숭고의 감정을 불러일으킨다. 이는 그림이 재현하는 것에 대한 아무런 단서도 주지 않은 채 관람자의 반응을 요구하는 것이다. 보는 이는 무언가가 일어났다는 느낌을 받지만, 그 무언가가 무엇인지 확실히 결정하는 것은 불가능해 보인다. '무언가 일어난다'와 '일어나는 것' 사이에는 결정적인 차이가 있다. '일어나는 것'이라고 말하려면 이미 사건의 의미를 이해하고 이를 의식의 차원으로 끌어당겨 하나 이상의 담론 양식들에 적합하도록 맞춘 상태여야 한다. 반면 '무언가 일어난다'는 것은 사건 그 자체에 대한 수용능력과 미리 주어져 있는 지침에 따르지 않는 사건에 대한 반응, 그리고 자신들의 사유 도식에 사건을 적당히 끼워 맞추는 게 불가능해 보이는 담론 양식들에 대한 문제 제기를 요청한다. 이러한 응답 형식을 통해, 사건은 재현에 저항하고(사건은 본질적으로 표현 불가능한 것이다.) 사건의 낯섦을 억압하려는 기존의 재현 방식들에 도전한다. '무언가 일어난다'와 '일어나는 것'을 구별하는 것은 리오타르가 사건의 철학을 사유하는 기본적인 원리가 된다.

그러므로 리오타르를 따라 다음과 같이 앞선 인용문을 재정식화할 수 있을 것이다. 사건은 응답할 양식을 미리 알지 못한 채 응답하도록 요청받는, 무언가 일어나는 순간에 대한 지각이다. 즉, 사건은 기존의 양식들이 사건의 단독적인singular 본성에 적절히 응답할 수 없는 그러한 방식으로 발생한다. 사건은 하나의 그림이나 시처럼 단순한 어떤 것일 수도 있지만, 아우슈비츠나 프랑스 혁명처럼 복잡하면서도 세계를 변화시키는 무엇일 수도 있다. 리오타르의 저작 전반에 걸쳐, 사건은 자신의 특수성을 존중하는 응답과 판단을 요청하고 단순히 기존의 도식에 자신을 끼워 맞추는 것을 거부하는 무엇으로서 논의된다.

　뉴먼의 사례, 그리고 일반적으로 아방가르드 예술의 경우에서 알 수 있듯이, 작품의 사건성은 예술에 대한 거부가 정치적 선동이나 상품으로 환원된다는 것을 극적으로 보여 준다. 리오타르는 예술이 사건과 갖는 관계를 동요시키는 것이 "개별적이든 집단적이든 간에 인간 주체의 경험과 이 경험을 둘러싸고 있는 아우라aura가 수지타산으로 용해되고 있"는 자본주의의 투기 구조라고 본다.(1991a : 105) 예술 작품이 그 안에서 사건의 순간을 최소한으로나마 품을 수 있다면, 체제의 포섭이나 착취로 환원될 수 없는 어떤 것을 간직할 수 있을 것이다. 사건이 갖는 사건성이라는 관점에서 판단하건대, 예술 작품은 사회적 삶을 형상화하는 담론 양식들에 감추어진 분쟁들을 폭로하는 잠재성을 지닌다. 리오타르는 사건과 함께 비평이 시작되며, 비평의 임무는 예술 작품이 지닌 기존의 개념과 실천으로의 환원 불가능성에 내재된 함의를 밝히는 데 있다고 본다.

예술은 '사건'으로 출현한다

리오타르에 따르면, 예술 및 문학작품은 정치적·철학적 문제들에 직접적인 답을 주진 않는다. 예술 및 문학작품의 가치는 모든 것을 아우르는 설명과 체계를 제공하려는 사유 방식과 담론 양식에 도전할 수 있는 문제들을 제기하는 능력에 있다. 즉, 예술 및 문학작품은 이러한 양식들이 은폐하는 분쟁들을 폭로하는 역량을 지니고 있다. 리오타르는 이 역량을 비인간의 형식이라고 부른다. 총체화하는, 또는 전체주의적인 체계의 비인간성과는 달리, 예술은 합리적인 사고나 계산으로 환원되지 않는 불안하거나 혼란스러운 감정들을 불러일으킬 수 있다. 리오타르는 이러한 감정들이 담론 양식들에 따른 완전한 설명과 전유에 저항하는 비인간적 '무인지대'를 인간 주체의 한가운데에 남긴다고 주장한다.

리오타르는 예술 작품이 이처럼 인간 내 순진무구하고 무조건적인 비인간성에 호소하고 이론적 서술을 초과하는 비인간의 역량을 표현한다는 점에서 하나의 사건으로서 출현한다고 주장한다. 리오타르의 사유에서 이 사건 개념은 대단히 중요하다. 사건은 세계를 설명하고 이해하는 이전의 방식들을 파괴할 잠재력을 지닌 어떤 것이 일어나는 지점을 가리키며, 이는 새로운 경험 방식과 또 다른 판단 형식들을 요청한다.

06

비평의 과제 : 모더니티 다시 쓰기

비평가는 무엇을 해야 하는가?

이 책의 첫 장에서는 리오타르의 저서 가운데 독자들에게 가장 널리 알려진 책인 『포스트모던의 조건』에 초점을 맞추었다. 그 이후로 리오타르가 서로 다른 영역에서 언급한 포스트모던 관련 주제와 논점, 개념을 다루면서 그 내용을 더욱 자세하게 탐구했다. 마지막 장의 목표는 앞서 다루었던 갖가지 논의들을 모두 상기하면서 포스트모던의 함의를 더 상세하게 고찰하고, 우리가 오늘날의 문화와 정치에 대해 가져야 할 일련의 비판적 대응에 관한 리오타르의 생각들을 소개하는 데 있다.

앞선 네 장은 모두 다음과 같은 점을 주장하는 것으로 마무리되었다. 예술과 문학에 관한 이론이든 정치학이든 철학이든 역사학이든 간에, 리오타르의 사유는 총체화하는 또는 보편적인 설명을 제공하려는 이 같은 체계적 이론들을 동요시키고 분열시킬 방식들을 발생시킨다는 것이다. 리오타르에게 글쓰기의 주요 목표는 이러한 분열을 통해 이 세상에서 사유하고 글을 쓰고 행동하는 새로운 방식들과 서로 다른 목소리들의 출현을 가능케 하는 데 있다. 예술과 문학은 표현 불가능한 것이 존재한다는 점을 표현함으로써 세계에 대해 그리거나 쓰는 기존의 방식들을 변형시키고 사회적 · 정치적 · 문화적 논쟁들에 개입할 수 있다. 비평가는 분쟁들의 존재를 증언함으로써 사유와 행동의 새로운 가능성들을 발견하고 침묵을 강요받았던 목소리들을 들려줄 수 있다. 역사의 기호들에 대한 연구는 근대, 곧 모더니티의 거대 서사들이 의문에 부쳐지고 역사와 현재를 사유하는 더욱 다원적인 방식들이 개방되는 지점을 찾아낼 수 있다. 각각의 경우마다 발생하는 숭고의 순간, 분쟁, 기호 등은 사건의 지위를 갖는다. 즉, 예측할 수 없는 것, 기존의 비평적 또는 정치적 기준으로 환원 불가능한 어떤 것이 일어나 판단을 요청하는 것이다.

광범위한 논의를 거쳐 리오타르가 도달하는 결론이 우리가 오늘날의 삶을 사유하는 방식들에 대한 의미심장한 함의를 담고 있다는 사실에는 의심의 여지가 없으나, 몇몇 독자들은 리오타르의 글에 무언가가 빠져 있다는 의혹을 물리치기 어려울 수도 있다. 리오타르는 담론 양식들이 분열에 노출되고 근대적 거대 서사들이 지닌 정당성에 이의가 제기되는 순간과 그 방식을 들추어내지만, 이러한 것들에 응답하는 사유와 행동을 계획한다는 측면에서 본다면 그의 글이 제시하는 것은 거의 없다. 이를테면, 분쟁을 발견한 다음에 그걸로 무엇을 해야 하는가?

확실히 리오타르는 사건들을 논의하는 데 기준을 정하려는 시도를 거부하고, 심지어 사건들이 삽입될 수 있는 체계를 제시하려는 시도도 거부하는데, 몇몇 리오타르 주석자들은 이 점을 매우 불편해 했던 것 같다. 예를 하나 들자면, 개리 브라우닝Gary Browning은 저서 『리오타르와 거대 서사의 종말Lyotard and the End of Grand Narratives』에서 리오타르의 개념들을 공적 정치에 직접적으로 적용하는 데 따르는 어려움을 불평한다.

　리오타르는 분쟁들이 번역되고 개정되며 치유되도록 하는 메타담론이
란 없다고 강조한다. 이처럼 비담론적 숭고 감정에 가치를 부여한 결과,
차이는 보편적인 한계를 구성하게 된다. 재화의 추구와 분배를 넘어서는
공적 논의를 거쳐 참여하는 과정을 통해 개개인은 서로 다른 이익을 공동
의 이익과 더불어 충족시킬 수 있는 상호 주체적inter-subjective 세계를 창조
하고 경험하지만, 차이는 이러한 개인들과 결부된 가능성들을 차단하기
때문이다.(Browning 2000 : 163-4)

　여기서 브라우닝이 지적하는 문제는 메타서사 구조의 붕괴에 초점
을 맞추는 리오타르가 사회로 하여금 공정을 기하도록 하는 방식들
에 대한 공적 합의를 이루는 능력이 비평가에게 있다는 점을 부정할
뿐 아니라, 서로 다른 집단이나 문화 사이에 일치가 나타날 가능성
들을 배제하는 것으로 보인다는 것이다. 제임슨과 마찬가지로 브라
우닝도 "리오타르는 거대 서사를 전개시키려는 자의식적인 의지를
걸핏하면 포기해 버린다."(2000 : 171)고 결론 내리고, 헤겔주의적인
또는 마르크스주의적인 근대성, 곧 모더니티 개념이 갖는 비판 작용
을 지속시키는 것의 중요성에 대한 인식을 강권한다.
　정치의 양식들에 근거한 브라우닝의 비판(과 그러한 비판을 가능케
하는 모더니티의 옹호)은 분쟁만을 향하는 것이 아니라, 포스트모던에
관한 리오타르의 논의 대부분에 두루 적용되는 것일 수 있다. 앞서
각 장의 논의는 숭고, 분쟁, 기호, 사건 등 어떤 붕괴의 순간을 언급

하면서 끝을 맺은 바 있다. 하지만 당연히 이런 질문이 나올 것이다. 그 다음에는 무엇이 오는가? 어떻게 텍스트를 읽어야 하는지, 작품을 어떻게 이해해야 하는지, 심지어 세계를 어떻게 바꿔야 하는지에 대해 리오타르는 우리에게 무엇을 말해 주는가? 숭고한 것, 기호, 분쟁, 사건들을 가지고 우리가 해야 하는 것, 그것은 무엇인가?

이것들은 중요하고도 본질적인 질문들이라고 할 수 있다. 그러나 결정적으로 이것들은 리오타르가 답변하기를 거부하는 질문들이다. 리오타르는 자신이 예술 및 문학작품에 대한 최종적 독법이나 명확한 독법을 제시하지 않는 것과 마찬가지로 특정한 철학적 방법론이나 정치적 교의를 지지하지 않는다. 간단히 말해, 작품이나 사건에 의해 제기될 수 있는 잠재적인 의문이나 문제들에 미리 답변을 준비해 두고 있는 '리오타르적 체계'란 없다.

사실 이 책에서 내내 논의한 내용들을 보더라도 그러한 체계가 전혀 가능하지 않다는 점은 명백해질 텐데, 왜냐하면 그러한 체계를 세우는 것은 분쟁, 기호, 사건을 바라보는 리오타르 자신의 가장 근본적인 통찰력을 배반하는 게 될 것이기 때문이다. 분쟁, 기호, 사건 등은 각각 숭고한 것이고, 사유 양식이나 정치 양식으로 환원되지 않는 표현 불가능한 것을 표현하며, 새로운 어떤 것을 요청하므로, 이것들을 설명하고 이들의 출현을 고대하는 체계를 발전시키는 것은 이것들이 지닌 사건성을 부정하는 것이 된다. 『분쟁』의 마지막 문장을 빌려 말하자면, 그러한 체계는 "'일어나고 있는가?'를 미리 판단"(1988 a : 181 참조)해 버릴 것이다. 바꾸어 말하면, 그러한 체계는 사건이 출현하기도 전에 그 의미를 설명하고 이를 이미 알려져 있는 것에다

끼워 맞춤으로써, 사건이 지닌 변형의 잠재성을 제거하게 될 것이다. 리오타르를 읽으려면 이처럼 사건과 분쟁에 대한 사전 판단의 거부라는 문제부터 고려해야 한다. 리오타르의 사유를 따르고자 한다면, 놀라운 것을 받아들일 수 있도록 열려 있어야 하고, 사건이 기존의 양식들을 분열시키며 드러낼 가능성들에 주의를 기울여야 한다. 이는 우리 스스로 생각하게 만든다는(또는 차라리 강제한다는) 점에서 우리를 좌절시키면서도('리오타르는 왜 해답을 주지 않는가?') 북돋는 것이기도 하다.

이 장에서 제기할 질문은 이것이다. 그렇다면 리오타르의 글에서 비평가나 사상가의 역할에 대해서는 어떻게 이야기하는가? 즉, 다른 사람들이 철학적, 정치적, 또는 비평적 분석과 논의를 할 수 있는 여지를 그는 어떻게 마련하고 있는가? 이 장은 규정적 판단력과 반성적 판단력을 구별하는 칸트에 관한 리오타르의 논의와, 그가 비판적 사유를 위한 도구로서 반성적 판단력에 가치를 부여하는 부분을 개괄하는 것으로 시작한다. 이후에는 리오타르가 근대성, 곧 모더니티의 문화에 대한 반성적 판단의 중요성을 분석하는 양상을 살펴보고, 그가 예술과 문화를 해석하며 모더니티를 다시 쓰는 방식을 보여 주는 사례로서 프랑스의 작가이자 혁명적 인물이었던 앙드레 말로André Malraux(1901~1976)를 다룬 그의 마지막 저술을 논의하게 될 것이다.

포스트모던 사유 : 반성적 판단력과 규정적 판단력

지금까지의 내용으로 명백해졌겠지만, 칸트가 리오타르에게 끼친 영향은 심대하다. 리오타르는 글 속에서 다른 누구보다도 칸트를 지속적으로 참조하면서 동시대의 문화를 사유하는 도구들을 발견하려고 한다. 개념과 이념의 구별, 인식론과 윤리학의 구별, 숭고 및 역사의 기호에 대한 분석 등 칸트의 논의가 리오타르에게 중요한 영향을 끼쳤다는 사실은 이미 앞에서 살펴본 바 있다. 그러나 리오타르가 포스트모던 철학을 구축하는 데 아마도, 심지어 앞서 언급한 것들보다 더욱더 근본적인 토대가 되는 칸트의 논의가 하나 더 있다. 규정적 판단력과 반성적 판단력에 대한 구별이 그것이다.

반성적 판단력 개념은 칸트가 『판단력비판』에서 사람들이 미적 경험에 반응하는 방식을 설명하려고 전개한 개념이지만, 이 개념은 단지 예술에 관한 사유를 전개하는 데 그치지 않고 세부적으로 훨씬 폭넓은 내용을 담고 있다. 『판단력비판』에 따르면,

> 판단력이란 보편 아래에 포함된 것으로서 특수를 사유하는 능력이다. 보편(규칙, 원리, 법칙)이 주어져 있는 경우, 보편 아래에 특수를 포섭하는 판단력은 규정적determinative이다. …… 그러나 오직 특수만이 주어져 있고 판단력이 특수에 대해 보편을 찾아내야 하는 경우, 이 힘은 …… 반성적reflective이다.(Kant 1987 : 18-19)

이 인용문에 따르면, 판단력은 특정한 지각 또는 경험과, 주체로 하여금 이를 식별하고 이것이 무엇인지 말할 수 있도록 하는 보편적 개념 사이의 관계가 생성되면서 그 토대가 형성된다. 이를테면, 특정한 가구 하나를 의자로 인식하려면 그 대상에 대한 인상을 '의자'라

는 개념과 관련시킬 수 있어야 한다. 이 개념은 각 의자마다 상이한 점이 있다 하더라도 주변에서 찾을 수 있는 서로 다른 의자 모두에 적용될 수 있기 때문에 보편적이다.(색상이 붉은색인지 갈색인지, 재질이 나무인지 플라스틱인지, 앉는 면이 딱딱한지 천으로 덮여 있는지를 식별하는 데도 '의자'라는 개념을 동원할 수 있어야 한다.)『분쟁』에서 사용된 언어로 말하자면, 판단력은 특정한 사태를 설명하고 이해하는 데 어떤 담론 양식을 적용할 것인지 결정한다.

규정적 판단력과 반성적 판단력의 차이는 개념과 경험 사이의 관계를 발생시키는 상이한 수단에서 비롯된다. 규정적 판단력은 실제로 우리가 대부분의 경우에 사용하는 판단력으로, 새로운 경험이 이미 존재하는 개념적 구조와 들어맞을 때 발생한다. 이는 규정적 판단력이 인식 과정을 향한다는 것을 의미한다. 혹은 달리 말하자면, 무언가에 대한 인식은 그것에 대한 특정한 경험과 이미 가지고 있는 개념을 관련시키는 능력에서 생겨난다. 예를 들어 우리는 부드러운 털을 지녔고 도토리를 먹는 자그마한 동물의 외양을 인식할 수 있는데, 이는 우리가 이미 다람쥐가 어떻게 생겼는지에 관한 개념을 갖고 있기 때문이다. 다른 예를 들자면, 우리는 연극 대본과 소설의 차이를 구별할 수 있는데, 이는 우리가 문학비평의 담론 양식을 통해 둘을 구별할 수 있는 개념적 도구들을 알고 있기 때문이다. 우리는 많이 생각하지 않고도 쉽사리 다람쥐를 인식하고 연극 대본과 소설을 구별할 수 있다. 다람쥐와 연극 대본은 '자연스럽게' 다람쥐와 연극 대본으로 보이는 것이다.

이러한 규정적 판단력과는 대조적으로, 반성적 판단력은 무언가 새롭고 다르며 낯선 것이 나타나 우리가 그것의 존재와 의미가 무엇인지 이해하려고 애쓸 때 발생한다. 특별한 경험이 생겨나면 우리는 이것을 개념화할 수 있는 방법을 필사적으로 찾아 나서지 않을 수 없다. 이는 사전의 기대를 좌절시키는 모던적 예술 작품과 관련하여 (사실, 칸트와 리오타르 모두 이러한 일이 모든 미적 체험에서 일어나야 한다고 주장한다.), 또는 생소하게 느껴지는 어떤 문화의 의식儀式과 직면하였을 때 나타난다. 기존의 개념적 기준들이 특이한 경우에는 적용되지 않는 듯할 때 우리는 그 기준들을 사용하기보다는 반성적으로 판단하며, 대상에 의미를 부여하고 그 대상에 대한 우리의 반응을 이끄는 어떤 규칙을 찾고자 시도한다.

이러한 리오타르의 구분과 관련하여 미국의 비평 이론가 데이비드 캐럴David Carroll은 반성적 판단력이 "하나의 장場, 양식, 또는 체제regime에 단독으로 놓일 수 없으며, 이들의 경계를 뚫고 이 모든 것 사이에서 연계를 만들어 낸다. 즉, 판단하는 것은 항상 필연적이다. 고정된 기준이 없는 곳에서는 …… 그때그때 기준 없이 판단해야 한다."(Carroll 1987 : 173)고 주장한다. 리오타르는 반성적 판단력의 중요성을 예증하고자 군도群島의 이미지를 사용한다. 각각의 담론 양식은 바다에 있는 다른 것들과 연결된 담론 양식이며, 판단력은 바다에 존재하는 것들 사이를 항해하는 양태이다.

각각의 담론 양식은 하나의 섬과 같을 것이다. 판단 능력은 …… 다른 섬에서 …… 발견된 것을 어떤 섬에 제공하려는 의도로, 한 섬에서 다음 섬으로 항해를 개시하는 선박 공급자나 함대 사령관과 같은 것이다.(Lyota

이러한 유비를 계속 사용하면서 리오타르는 군도 곳곳을 항해하는 판단력이 서로 다른 양식들 사이의 무역과 상업을 통해 이들을 연결시킬 수 있지만, 그렇지 않을 경우에는 공격을 개시하거나 전쟁 혹은 해적질로 도전할 수도 있다고 주장한다. 즉, 양식(섬)들은 그들 사이를 오가는 반성적 판단력을 통해 형성되고 지속되며 상호 소통된다는 것이다. 양식상의 어떤 변화도, 양식들 사이의 갈등이나 만남도 반성적 사유로써 생산된다. 보트가 없는 공동체가 섬에 발이 묶이는 것처럼, 반성이 없다면 양식의 규칙과 구조 안에 갇히고 만다.

규정적 판단력과 반성적 판단력의 차이에 내재된 함의를 설명하는 가장 확실한 방법은 어쩌면 3장에서 언급했던 오스트레일리아의 땅 소유권 소송을 상기해 보는 것일지도 모르겠다. 여성들이 말할 수 없는 상황에 처해 있기 때문에, 재판관에게는 두 가지 판결의 가능성이 존재한다. 재판관이 규정적 기준을 적용한다면 이미 존재하는 판례를 따라 필연적으로 토지 개발업자에게 유리한 판결을 내릴 것이다. 여성들은 증거를 제시하지 못했기 때문이다. 사실상 재판관은 여성들이 직면하고 있는 분쟁의 존재를 무시하고 여성들의 말에 귀 기울이길 거절함으로써(실제로는, 그들의 침묵이 갖는 중요성을 고려하지 않음으로써) 그들에게 부정을 행하게 된다. 그러나 재판관이 다른 선택을 한다면, 반성적으로 반응하면서 양측의 분쟁이 문장화될 수 있는 양식을 찾아내려고 할 것이다. 이는 분명 쉬운 선택이 아니다. 재판관으로서는 재판관이 되려고 받아 왔던 모든 훈련뿐 아니라 국가의 법적 체계, 그리고 아마도 정치적 성실성에 대해서까지 의문을 품게 될 것이며, 양측을 모두 만족시킬 수 있으리라 보장할 만한 어떠한 해결책도 찾을 수 없을 것이다. 그러나 윤리적 관점에서 볼 때, 리오타르는 재판관이 후자의 길을 택하여 반성적으로 판단해야 한다고 주장할 것이다. 법적 체계라는 규정적 기준에서 벗어나지 않는다면 분쟁을 억압하고 여성들을 침묵에 빠뜨릴 것이기 때문이다.

그러므로 반성적 판단력은 리오타르에게 대단히 중요하다. 사실, 리오타르는 반성적 판단력이 포스트모던 사유의 모범이라고 본다. "철학적 담론은 근본적인 규칙을 준수한다. 즉, 철학적 담론은 자신의 규칙을 찾아 나서야 한다는 말이다."(1989 : 394) 사유의 임무는 현재 일어나고 있는 것들에 반성적으로 응답함으로써 새로운 규칙들과 행동 방식들을 발견하는 것이다. 이처럼 반성적 판단력을 강조함에 따라, 철학의 실천에 관한 리오타르의 설명은 "원칙적으로 기존 규칙들에 지배되지 않으며, 규정적 판단력으로는, 또한 주어진 범주들을 텍스트나 작품에 적용하는 것으로는 판단될 수 없"(1992 : 15)는 포스트모던 예술 또는 문학작품의 역할에 대한 분석과 특히 가까워진다.

앞 장에서 논의한 바 있는 예술은 반성이 생겨나는 핵심적인 지점이다. 문학적 또는 예술적 표현은 기존의 담론 양식을 교란시키는 잠재력을 지니며, 지금까지 세계를 이해하고 인식하는 데 사용되어 온 익숙한 방식들에 사건성을 바탕으로 이의를 제기한다. 반성적인 접근을 통해 예술은 우리를 놀라게 하면서 사유의 새로운 가능성을 활짝 열어젖힌다. 그러나 예술이나 문학에 다가갈 때 미리 주어진 비평 방법을 작품에 단순하게 적용시켜 이를 규정적으로 판단하려고 한다면, 예술 및 문학이 가진 힘, 곧 도전하고 놀라움을 가져다주며 잠재적으로 변형시키는 힘은 사라진다. 리오타르에 따르면, 그렇기 때문에 포스트모던 비평은 예술 및 문학작품이 사건으로서 갖는 위상을 반성적으로 판단할 수 있어야 하며, 이에 대해 개방적인 자세를 가져야 한다.

문화와 비평

리오타르가 반성적 판단력에 의지하는 중요한 이유는 당대 문화의 구조에 관한 분석과 근대, 곧 모더니티의 거대 서사에 대한 비판에서 찾아볼 수 있다. 리오타르는 사상가나 비평가가 문화와 사회의 복잡성 바깥에 위치한 사람이 되어서는 안 된다고 본다. 이러한 사람은 다른 모든 텍스트와 양식, 사건들을 하나의 체계로 조직해 낼 수 있는 궁극적 차원의 매우 진실하고 공정한 담론 양식의 입장에 따라 과학적이고 공평한 용어를 사용하여 문화와 사회의 복잡성을 고찰할 수 있다고 생각할 것이기 때문이다. 모든 주체는 하나 이상의 문화 속 일부로서 존재하며, 그 문화의 지배적 담론 양식들은 주체가 세계를 지각하는 방식을 형성한다. 바꾸어 말하면, 문화는 기존의 주체나 개인에게 '덧붙여지는' 어떤 것이 아니라 개개인을 형성시키고 이들을 주체로서 만들어 내는 무엇이다. (이 점은 3장에서 논의한 바 있는 문장과 분쟁에 관한 리오타르의 반인간주의적 철학의 밑바탕이 된다.) 이는 과거의 문화에서나 현재의 문화에서나 사실이다. 리오타르는 「사문死文·Dead Letter」(1962)이라는 초기 글에서 문화를 다음과 같이 정의한다.

역사적으로 볼 때, 문화는 출생, 사망, 사랑, 일, 출산, 성장, 늙어감, 말하기 등 근본적인 장에 존재하는 특정한 방식이다. 사람들은 태어나서 죽고 그렇게 살아가기 마련이고, 이런 일들에, 이런 부름에 반응을 하면서, 이런 것들을 이해하면서 한 명의 사람이 된다. 이러한 이해, 이러한 귀 기울임, 이를 인정하는 공감, 이런 일들이 동시에 한 사람을, 그런 일 자체에 대한 그것의 이해를, 함께-있음being-together을 이룬다. 문화는 관습이나 기획, 계약에 근거하는 근본적인 장에 속한 의미들의 체계가 아니다. 그것은 사람들이 거기-있음being-there이다.(Lyotard 1993c : 33)

하나의 민족은 출생과 사랑, 사망과 같은 삶의 중요한 순간들에 대한 이해를 공유함으로써 비로소 민족이 된다. 이러한 이해의 공유는 어떤 사회적 행사에 참석하려고 특별한 채비를 갖추는 식으로 개인들이 의식적으로 받아들이는 것이 아니라, 사람들이 제 자신에 대해 생각하는 존재의 본질을 형성하고 그들이 서로 관계를 맺는 방식들의 기본 구조를 규정하는 것이다. 이것이 리오타르가 문화라고 부르는 것이다. 다시 말해, 문화는 사람들이 어떻게 함께하게 되는지를 설명하고자, 주체의 경험에 덧붙여진 관계들에 대해 이차적으로 합리화하고 해명하는 것이 아니다. 오히려 정확히 말하자면, 사람들에게 이해되든 그렇지 않든지 간에, 형식적으로 인정되어 법률과 계약으로 만들어지든 그렇지 않든지 간에 상관없이 발생하는 이러한 관계 맺음의 방식들, 그것이 바로 문화이다.

문화에 대한 이 같은 이해는 리오타르의 글 전반에 나타나 있다. 이를 가장 명쾌하게 설명하고 있는 부분은 1장에서 언급했던 카시나와족에 관한 논의이다. (카시나와족에 관한 리오타르의 논의는 1984a : 20-1 ; 1985 : 32-5 ; 1988a : 152-5 참조) 카시나와족의 경우 이들 사회 조직의 뚜렷한 단순성 덕분에, 이야기 전달 과정을 공유하면서 자신들의 신념, 정체성, 관계 등을 스스로 되풀이하는 방식을 통해 종족의 문화적 일관성을 구성하는 일이 어떻게 전개되는지 살펴보는 것이 상대적으로 용이하다. 종족의 각 구성원은 이야기와 관련하여 위치가 정해지며(이야기를 들려주는 사람, 들어야 하는 사람, 이야기 안에서 주인공으로 등장하는 사람 등등), 종족의 삶에 의미 있는 사건들(출생, 사망, 결혼 등등)을 자세히 열거할 때도 마찬가지이다. 이러한 의미에서 카시나와족의 정체성은 이야기 속에서 구성된 문화를 공유함으로써 형성된다고 할 수 있다.

그러나 근대 자본주의 사회에서는 이러한 문화의 일관성이라는 의미가 더욱더 의심스러워진다. 「사문」에서 리오타르는 우리가 문화와 '단절'되고 있다고 주장한다.

기호와 의미 작용, 활동과 문화, 삶과 이해는 분리된다. …… (모더니티에서) 의미가 결여된 활동들은 기계의 모형에 따라, 즉 그 목적이 그것 바깥에 놓여 있고 목적에 의문을 제기하지 않는 그러한 모형에 따라 조직된다. 생산과 소비 사이에서 최적의 관계를 찾는 것을 원칙으로 삼고 있는 기계론적 경제가 모든 활동의 규칙으로서 강제된다. …… 노동은 정상적인 작업에서 벗어나 시간의 명령, 심지어 노동의 내용과는 무관한 규범에 복종하며, 궁극적으로 다음의 공리로 결정되는 것이 된다. …… '경제적인' 사회란 하나의 기계이며, 결정과 투자의 모든 유형에 적용될 수 있는 가능한 한 최고의 비용/수익 비율 규칙을 준수해야 한다는 공리 말이다.(Lyotard 1993c : 34-5)

인간 정체성의 영역에 대한 기술과 기계의 점진적 침략으로서 근대성, 곧 모더니티를 이해하는 것은 앞에서『포스트모던의 조건』,『리비도 경제』,『뒤샹의 변/형자』,『비인간』등을 통해 논의하였기에 익숙할 것이다. 각각의 텍스트에서 리오타르는 모더니티가 문화를 기술과 연계시키는 방식들을 살펴보고 이에 대해 문제를 제기하며, 이익의 극대화만을 유일한 목표로 삼는 경제체제의 단 한 가지 측면으로 주체적 존재를 환원하여 인간의 경험을 변형시키는 자본주의의 함의에 대해 짚어 나간다. 이러한 작업의 목적은, 그리고 분열과 분쟁에 초점을 맞추는 이유는 효율성이라는 단일한 기준으로 차이를 환원시키는 것에 도전하기 위함이다.

포스트모던 비평 : 모더니티 다시 쓰기

앞 장에서 살펴본 것처럼, 근대성, 곧 모더니티의 탈인간화 과정은『비인간』의 서문에서 두 가지 비인간의 형식 사이의 갈등으로 묘사된다. 주체의 마음 한쪽에는 비인간적 기술 체제가, 다른 한쪽에는 비인간적 '무인지대'가 있다. 이 책에는 「모더니티 다시 쓰기Rewriting Modernity」라는 중요한 글이 수록되어 있는데, 이 글에서 리오타르는 문화가 손익 계산가능성으로 환원되는 자본주의의 현 상황에 맞서 비평가들이 비인간의 두 번째 의미를 활용할 수 있는 방식들을 탐구하고자 한다.

리오타르는 "모더니티도, 이른바 포스트모더니티라는 것도 후자가 항상 전자 '뒤에' 온다는 식의 경계가 명확한 역사적 실체로서 확인될 수 없고 정의될 수도 없다. 오히려 포스트모던이 언제나 모던 안에 함축되어 있다고 말해야 한다."(1991a : 25)고 주장하는 것으로 이 글을 시작한다. 이러한 주장은 2장에서 다루었던 「질문에 답함 : 포스트모던이란 무엇인가?」에서 그가 모던과 포스트모던의 관계를 분석한 것과 비슷하다. 리오타르는 이 둘을 별개의 역사적 단계로 보는 것을 거부하지만, 둘이 세계와 역사에 대한 서로 다른 응답이라는 점은 인정한다. 「모더니티 다시 쓰기」에서 리오타르가 응답의 두 가지 형식으로서 모던과 포스트모던을 구별할 때 초점을 맞추는 것은 이 둘이 사건에 관여하는 서로 다른 방식이다. 리오타르는 반복하기, 기억하기, 훈습訓襲하기working-through를 구별하는 프로이트의 논의를 가져와 이 차이를 분석한다.

프로이트는 1914년에 발표된 중요한 글 「기억하기, 반복하기, 훈습하기Remembering, Repeating and Working-Through」에서 글의 제목에 언급된 각각의 용어가 정신분석의 이론과 실천에서 수행하는 기능을 설명한다. 아주 간단하게 말하자면, 반복은 억압된 생각들이 되돌아와 주체를 떠나지 않고 주체로 하여금 강박적으로 어떤 행위를 되풀이하도록 만드는 것이다. 문학에서 예를 들자면, 『맥베스Macbeth』에서 맥베스 부인이 몽유병 상태에서 강박적으로 손을 씻는 행위의 경우, 정신분석학에 흥미 있는 독자들에게는 이 장면이 던컨 왕의 살해와 관련된 그녀의 억압된 공포가 그녀로 하여금 그 사건과 연계된 행동을 반복하게 만드는 원인임을 암시하는 대목으로 읽힐 것이다. 처음에 프로이트는 분석가의 임무가 반복을 일으키는 억압된 사건을 환자가 기억해 낼 수 있도록 돕는 것이라고 생각했다. 당시 프로이트는 억압되어 왔던 것을 환자가 기억해 냄으로써 이를 이해하고 극복할 수 있으리라 보았고, 처음 정신분석을 실행에 옮겼을 때 이러한 절차를 따랐다고 말하기도 했다. 그러나 프로이트는 이후의 경험을 통해 환

프로이트Sigmund Freud, 1856~1939   프로이트는 19세기 말 비엔나에서 의사로 근무하면서 정신분석 담론의 토대를 세운 인물이다. 프로이트는 정신적 삶의 과정에 대한 탐구를 업으로 삼았고, 자신의 저서들을 통해 (우리는 의식적으로 직접 경험할 수 없음에도) 인간의 욕망, 동기 부여, 상호 작용 등에 지대한 영향을 끼치는 무의식이 인간의 의식을 보완한다는 견해를 주창했다. 프로이트는 무의식이 의식적으로 돌아보기에는 너무나 불온한 것이어서 정신적으로 억압되는 모든 사고와 충동을 담고 있는 저장소라고 주장한다. 그러나 한번 억압된 것들의 정서affect는 사라지지 않는다. 오히려 이것들이 의식으로 통하는 길을 내려는 시도가 많은 사람들이 직면하는 심리적 문제들의 근원이 된다. 그래서 프로이트가 정신분석에 사용하려고 발전시킨 것이 종종 '대화 치료talking cure'로 불리는 기술들이다. 대화 치료는 환자가 정신분석가에게 자신의 삶을 들려주고 억압된 욕망들이 일으킨 문제들을 진정시키려고 노력함으로써 자신의 질환을 받아들일 수 있게끔 돕는 방법이다. 프로이트가 전개한 일련의 선구적인 논의들은 20세기 이전의 사상가들이 인간의 삶에 대해 생각하던 방식들 가운데 상당수를 변화시켰고, 지난 한 세기 동안 철학, 사회학, 심리학, 예술 분야에 실로 막대한 영향을 끼쳤다. 프로이트의 저서 가운데 가장 영향력 있는 책은 아마 『꿈의 해석The Interpretation of Dreams』(1900)이겠지만, 그는 정신의 삶을 분석하면서 농담, 기독교, 전쟁, 성, 텔레파시 등의 다양한 대상을 다루기도 했다.

자가 항상 그렇게 기억해 낼 수 있지 않으며, 심지어 기억해 내더라도 그것이 꼭 환자의 치료에 바람직한 효과를 가져오는 것은 아닐수도 있다고 주장한다. 그래서 프로이트가 도입한 것이 그가 '훈습하기'라고 부르는 방법이다. 훈습하기에 의거한 정신분석은 원초적 외상the original trauma을 의식 속으로 상기시키기보다는, 원초적 외상에 담긴 일련의 의미와 연상association의 윤곽을 그려 내고자, 간단하게 표현하면 그것과 화해시키고자 반복 그 자체를 실행해 나간다. 이를 통해 원초적 외상은 온전히 정의될 수 없지만(프로이트는 그러한 정의가 불가능할 것이라고 주장한다.), 그것의 부정적 효과는 가능한 한 중화된다. 훈습하기는 연상과 기억을 연속적으로 조절해 나가는 과정이며, 이는 프로이트가 다른 글에서 주장하는 것처럼 분석 과정이 '끝낼 수 없는' 것임을, 곧 결코 완결되지 않는 것임을 암시한다.

리오타르가 기억하기와 훈습하기를 구별하는 프로이트의 논의를 끌어들이는 것은 모던 비평과 포스트모던 비평의 서로 다른 접근 방식을 묘사하기 위해서이다. 리오타르는 모던 비평이 "기억하려 하고, 정복되지 않았던 (사건the event의) 절단되어 있는 일시성을 한데 모으려 한다. …… 탐정소설 속에서처럼 사건the case은 조사되고, 증인이 호출되며, 정보가 수집된다."(1991a : 27)고 주장한다. 이때 기억하기에 관한 프로이트의 설명에서 리오타르가 이끌어 내는 것은 기억된 사건을 분석가가 담론을 통해 해명한다는 점이다. 사건은 분석을 통해 '정복'되고, 탐정소설 속에서 벌어지는 범죄처럼 그것이 제기하는 애매성과 문제들은 이로써 해결된다. 모던 사상가나 비평가의 입장에서 보자면, 이는 다음과 같은 사실을 의미한다. 사건이나 텍스트를 분석하는 것이란 마치 분석 대상이 특정한 담론 양식에 꼭 들어맞게 '이해'된다는 듯이 겉으로 보기에 대상에 대한 완벽한 설명을 제공하는 것이다. 이렇게 접근하는 방식으로 리오타르가 들고 있는 사례는 자본주의에 대한 아래와 같은 식의 마르크스주의적 분석이다.

말하자면, 마르크스는 "자본주의의 숨은 기능을 탐지하고" 이를 발견함으로써 "노동자들에 대한 착취라는 모더니티의 불행을 낳는 원초적 범죄를 확인하고 고발한다고 믿는다. 그리고 마르크스는 탐정처럼 '현실', 이를테면 자유주의적 사회와 경제를 사기라고 폭로함으로써, 자신이 이 거대한 역병에서 인류를 탈출시키고 있다고 상상한다"는 것이다.(1991a : 28) 마르크스주의적 분석은 모던적인데, 리오타르가 주장하는 것처럼 이러한 분석은 자본주의 경제의 '범죄를 진단'하면서 사회문제에 대한 해답을 제시하고, 이를 바탕으로 유토피아적 사회주의 공동체로 향하는 미래에 관한 대안적 설명을 발전시키기 때문이다. 다른 말로 하면, 이 같은 분석은 고유한 대안적 거대 서사를 제시하는 것이다.

리오타르는 포스트모던 비평의 경우 프로이트의 훈습하기 개념에 훨씬 더 뚜렷이 주목할 것이라고 본다. "기억하기와는 대조적으로, 훈습하기는 목적 없는 작품으로서 정의될 것이다. …… 그것이 목적이라는 개념에 좌우되지 않는다는 뜻에서 말이다."(1991a : 30) 이는 사건에 대한 비평적 개입이 처음부터 내심 특정한 목적(예를 들어 노동자의 해방)을 지닌 기존의 담론 양식에 이미 좌우되고 있어서는 안 되고 열린 상태로 남아 있어야 함을 의미한다. 따라서 이러한 비평적 개입은 결코 '완결'되지 않는다. 사건은 그 전체성 속에서 설명되지 않고(앞 장에서 말한 바와 같이 사건은 설명될 수 없다.), 대신 실행 가능한 일련의 사유와 응답에 개방되어 왔기 때문이다. 이러한 방식으로 리오타르는 훈습하기가 "사건 내부에서 구조적으로 우리에게서 숨겨진 것에 대한 사유, 그리고 과거의 편견에 의해서뿐 아니라 앞으로 던져져pro-ject 계획된 미래의 차원에 의해서도 숨겨진 사건의 의미에 달라붙는다."(1991a : 26)고 주장한다. 그러므로 포스트모던 비평의 임무는 사건을 '설명'하는 것이 아니라, 사건에 주의를 기울이고, 사건의 단독성을 간직하되 근대의 사상가들이 제시한 확실성과 진실에 이의를 제기하는 데, 가능한 한 근대성, 곧 모더니티의 기획에 본래적으로 내재한 폭력과 고통을 보여 주는 데 집중할 수 있는 방식으로 응답하는 것이다. 리오타르가 이러한 과정의 중요한 사례로 들고 있는 것은 4장에서 이야기했던 아우슈비츠의 이름 아래 연결되는 사건들이다.

담론 양식과 근대적 거대 서사로 이미 좌우되는 문화 안에서 자신의 자리를 인정하고자 한다면, 비평가는 이러한 양식과 서사 속에서 억압된 사건들을 폭로하고 이에 대한 연구에 착수하는 것을 과제로 삼아야 한다. 이 연구는 이제 반성적으로 행해져야 할 것이다. 비평의 과제는 사건의 놀라움을 증언하고, 사건이 지니는 분쟁의 가능성을 기존의 지식 유형에 의거하여 설명함으로써 침묵에 빠뜨리지 않는 것이다. 이러한 의미에서 모더니티를 훈습하려는 비평가의 시도는 결코 끝날 수 없는 것인데, 텍스트나 사건의 의미를 결정하는 간단하고 신속한 방식 대신 리얼리즘적 재현을 문제 삼는 개방성만이 주어져 있을 뿐이기 때문이다. 이 과정을 리오타르는 아래와 같이 요약한다.

훈습하기의 과정에서 사용 가능한 유일한 실마리는 정서sentiment이며, 더 좋은 것으로는 정서에 귀 기울이는 것이다. 문장의 한 단편, 정보 한 토막, 단어 하나와 함께하면서. …… 이렇게 계속하다 보면 천천히 하나의 장면에, 어떤 장면에 접근해 간다. 그걸 묘사한다. 그것이 무엇인지는 모른다. 그것이 어떤 과거를, 가장 가깝고도 먼 과거를, 자신만의 과거와 다른 사람들의 과거를 동시에 가리킨다는 것만을 확신한다. 이렇게 잃어버린 시간은 하나의 그림처럼 재현되지 않으며, 심지어 나타나지도 않는다. 그것은 하나의 그림을 구성하는 요소들을 제시하는 것이다. 곧, 불가능한 그림을 제시하는 것이다. 다시 쓰기란 이 같은 요소들을 기록하는 것을 뜻한다. (1991a : 31)

따라서 훈습하기와 마찬가지로 다시 쓰기 역시 끝날 수 없는 작업이 된다. 포스트모던에서 사건들을 판단하려면, 반성적 태도가 '진리'를 찾아 사건들을 '해결'하고 이로써 자신만의 분석을 하나의 새로운 거대 서사로서 세우기보다는, 항상 사건들을 더욱 심화된 분석과 토론에 개방해 두어야 한다. 겉보기에 결코 끝나지 않을 과정인 이러한 근대성, 곧 모더니티 다시 쓰기는 이번에도 문학비평에서 가장 잘 드러난다.

『햄릿』을 읽고 이해했다고 해서 그것을 다시 읽고 이해하는 것이 시간 낭비가 되는 것은 아니다. 희곡을 어떻게 읽든 간에, 그것은 고정되거나 최종적인 것이 될 수 없다. 다시 읽기는 언제나 연극과 세

192

계를 사유할 수 있도록 하는 더 많은, 그리고 상이한 생각과 느낌을 길어 낸다. 다시 읽기 하나하나는 초점, 논쟁, 효과와 관련하여 서로 다른 논점을 갖게 될 것이므로, 정치와 문화에 대한 서로 다른 생각들을 낳는 개방적인 가능성을 담보할 것이다. 『햄릿』은 비평가가 딱 부러지게 규명하는 데 목적이 있는 단일하고 고정된 의미를 갖고 있지 않다. 오히려 『햄릿』은 분석과 토론, 논쟁에 활용될 수 있는 광범위한 의미, 관념, 함의, 사건을 담고 있으며, 이러한 것들은 『햄릿』역시 그 일부를 이루고 있는 모더니티의 양식들을 훈습하는 방식들을 펼쳐 낸다. 리오타르에게 어떤 예술 작품, 또는 문학작품을 읽어 낸다는 것은 사건과 기호, 분쟁을 폭로하고 비평적 사유에 이들을 개방하고자 하는 방식으로 작품이 도래하는 (작품과 동시대의 문화를 비롯한) 문화에 개입하는 것이다.

말로와 모더니티 다시 쓰기

리오타르의 마지막 저작 두 권은 그가 문화, 모더니티, 판단력에 대한 생각들을 글에서 어떻게 표현하고 있는지 확인할 수 있는 유용한 사례이다. 두 권의 책은 『서명자 말로Signed, Malraux』(1996), 『방음실 : 말로의 반미학Soundproof Room : Malraux's Anti-Aesthetic』(1998)으로, 여기서 리오타르는 프랑스의 모험가이자 예술가이며 사상가인 말로의 삶과 작품을 논의한다.

　『서명자 말로』는 한 편의 전기로 읽을 수도 있다. 리오타르의 논의는 말로에게서 나타난 사유, 예술적 실천, 정치, 삶 사이의 관련성을 통해 프랑스 사회를 탐구하고 있다. 그러나 이는 전형적인 전기는 아니다. 리오타르가 처음부터 밝히고 있듯이, 그가 말로의 글을 읽는 것은 "이렇게 상상의 '삶'을 허구적으로 구성하는 것이다. 진정한 것은 어떤 제3자가 증명하거나 고백하는 것이 아니라, 이 '삶'이 신호하는sign 것이다."(1999 : 11) 즉, 『서명자 말로』는 전기라기보다는 오히려 말로의 글에서 '말로'라고 서명된signatory 인물을 추출해 낸 것이다. 그것은 작품에 나타난 이야기를 바탕으로 작가의 삶과 세계를 구성하는 허구, 아니 '신화'이다. 그렇기 때문에 이러한 글쓰기는 리오타르가 훈습하는 근대성, 곧 모더니티 내부의 징후, 기호sign, 사건을 제시할 수 있다.

이를 바탕으로 리오타르는 밀수업자, 스페인 내전에서의 반파시스트 진영의 비행사, 제2차 세계대전에서의 프랑스 레지스탕스 전사, 전후 프랑스 정부의 일원, 예술가, 사상가, 작가로서 활동했던 말로의 삶에 대한 이야기를 어린 시절부터 묘사해 나간다. 리오타르의 손을 거친 이 사건들은 삶의 일화 이상의 것이 되는데, 이들은 철학적·문화적·정치적 측면에서 복합적으로 모더니티와 연루된 갖가지 문제들로 진입하는 통로가 된다. 어떠한 단일한 '앙드레 말로'도 나타나지 않는다.(그렇지 않은 경우 그는 근대적인, 곧 모던적인 방식으로 기억된다.) 리오타르는 말로의 글들을 훈습함으로써, 모더니티의 상이한 담론들을 가로지르고 이에 의문을 제기하는 다수의 '말로들'을 생산한다.

『방음실』은 모더니티를 다시 쓰는 과정에서 문학이 수행하는 역할에 더욱더 뚜렷하게 초점을 맞춘다. 말로의 소설, 그리고 그의 소설과 20세기 사상적 조류의 관련성에 대한 논의를 통해, 리오타르는 문학이 모더니티에 내재한 일련의 모티프들에 충격을 가하고 정치적·철학적 분열을 꾀할 수 있는 잠재력을 자세히 검토한다. 다음의 단락은 리오타르의 주장을 잘 보여 주는 중요한 대목이다.

예술 작품은 그 어떤 것도 결코 피해 가지 않으며, 자신이 속한 세계를 넘어서지도 않는다. 이것이 앞으로 나아가는 첫걸음이며 사막으로 들어가는 길이 된다. 세속의 이집트에서 탈출하는 것은 이루어지지 않으며 이루어져서도 안 된다. 감지할 수 있는 것들이 소용돌이치는 가운데 예술 작품을 붙잡기 위해, 전복시키기 위해, 들어 본 적도 없는 부름에 바치기 위해, 스타일은 자신의 재료를 원 상태로 돌렸다 재구성해 가며 가차 없이 움직인다. 그러나 스타일은 소리, 말, 빛깔, 모든 음색들을 굳건히 간수하며, 이러한 것들이 지닌 물질적 재료 안에서 예술 작품을 구성한다. 스타일이 발명하여 현실에 부과하는 형식들은 현실에서 해방되지 않을 것이다. 이 형식들은 현실에 탈출을 약속하기 때문이다.(2001 : 98- 100)

이는 리오타르가 예술과 문학의 위상을 설명한 내용들 가운데 아마도 가장 명쾌하게 요약된 부분일 것이다. 예술 작품은 그 자신이 나타난 세계의 일부이다. 그것은 더 높은 곳에서 아래로 내려온 것이 아니고, 천재적 예술가 개인에게서 나온 것도 아니다. 동시에 그것은 이곳을 탈출하여 상상적 화해를 이루는 어떤 '약속의 땅'으로 향하는 것을 허용하지 않는다. 그러나 세계의 일부로서 예술은 자신을 구성하는 물질적 요소들을 형식적으로 재구성함으로써 세계의 유한성을 환기시킬 잠재력을 가지며, 달라진 세계로 탈출해 가는 가능성을 기획하고 '약속'함으로써 현재의 구속과 결별하는 또 다른 미래를 제시할 잠재력 또한 지니게 된다. 이로써 예술은 사건이 되고, 문화 또는 담론 양식에 이미 전제되어 일상화된 사고 및 행동 방식에 도전할 자신의 정치적 잠재력을 움켜쥐고자 비평이 출발하는 자리를 마련한다. 어떠한 실질적인 미래의 해결책도 제시되지 않지만, 합리성을 바탕으로 하는 지금의 체제는 흔들린다. 예술은 모든 표현마다 표현 불가능한 것이 존재한다는 것을 표현하며, 비평가의 임무는 진정한 예술의 존재를 틀어막는 데 일조해 온 양식과 체제에 도전함으로써 그러한 표현 불가능한 것에 담긴 함의에 응답하는 것이다.

포스트모던 비평가의 과제

예술과 문학에서 역사와 정치에 이르는 영역들을 넘나들며 리오타르의 글이 탐색하는 것은 자신의 논의 대상이 담론 양식을 붕괴시킬 잠재력을 드러내는 순간이다. 이때 그 대상이 붕괴시키는 담론 양식이란 자신이 출현한 담론 양식이다. 리오타르는 숭고, 분쟁, 기호, 사건 등에 초점을 맞추기 때문에 사유와 행동을 위한 체계나 프로그램을 제시하지는 않는다. 대신 리오타르는 비평가가 나서서 그러한 프로그램들에 적극적으로 의문을 제기하고 그런 것들이 배척하고 침묵시키는 것을 연구하라고 강력히 요청한다.

따라서 리오타르의 글은 비판적 사상가가 근대성, 곧 모더니티 분석에 사용할 수 있는 일련의 방법론들을 전해 준다. 이는 일종의 포스트모던 유토피아로 탈출하는 것에 관한 문제가 아니다. 대신 리오타르는 비평가의 과제란 모더니티 다시 쓰기를 멈추지 않음으로써 거대 서사들을 구성하는 담론 양식들이 의문시되고 변화의 가능성이 나타나는 순간들을 드러내는 것이라고 주장한다. 말로의 작품들을 분석하는 리오타르의 마지막 저작들은 이러한 다시 쓰기의 복잡한 과정을 탁월하게 보여 주고 있다.

리오타르 이후

리오타르의 글은 인문학 전반에 커다란 영향을 끼쳤다. 그의 가장 영향력 있는 텍스트인 『포스트모던의 조건』은 문학 연구, 철학, 사회학, 정치학에서뿐 아니라 문화 이론이나 매체 연구와 같은 최근에 생겨난 학문에서도 포스트모더니티를 논의할 때 기준이 되는 참고 도서가 되었다. 사실상 어떠한 포스트모던 연구라도 이 책이나 리오타르의 다른 책을 참고하지 않으면 결코 완료될 수 없다. 『포스트모던의 조건』 외에도 리오타르의 다른 연구들 또한 인문학 분야의 더욱 전문적인 독자들의 흥미를 끌었으며, 문학, 문화, 철학, 정치학에 대한 전통적 접근 방식들에 다방면으로 도전해 왔다.

그러나 리오타르의 영향력이 어디까지 미쳤는지를 정확히 가늠하기엔 다소 어려운 면이 있다. 앞 장에서 살펴보았듯이, 리오타르는 그의 저작을 공부해 온 사람들이 텍스트나 사건을 설명하는 데 마음대로 적용시킬 만한 비평적 체계를 세우지 않았기 때문에, 리오타르의 저작들에 대한 반응은 그의 주장을 놓고 논쟁을 벌이려고 하거나, 그의 분석들에 담긴 폭넓은 함의를 제대로 고려하지 않은 채 다른 영역에서 단지 그의 생각 일부를 취하려는 경향으로 나타났다. 지금 인문학 분야에 종사하는 사람들 가운데 진정한 리오타르주의자는 거의 없는 듯하지만, 이 때문에 리오타르의 생각들이 중요하지 않다거나 영향력이 없다고 말할 수는 없다. 리오타르의 주장과 관련된 범주와 방식은 리오타르와 정치적 또는 철학적 견해를 확연히 달리하는 이들을 포함하여 오늘날의 문화를 분석하는 여러 비판적 사상가들 사이에서 광범위하게 나타난다.

사실, 리오타르에 동의하지 않는 이러한 사상가들은 숭고나 분쟁 같은 개념들을 다른 텍스트에 단순히 '적용'하려는 사람들보다도 리오타르의 작업과 관련하여 더욱 흥미롭고 색다른 해석을 종종 제시한다. 칸트, 아우구스티누스, 헤겔, 프로이트, 마르크스 등 서양 사상사에서 가장 중요하고 영향력 있는 존재들을 광범위하게 다룬 리오타르의 작업들은 해당 사상가를 연구하는 학문적 공동체에 수용되면서 종종 관련 분야의 중심적인 텍스트가 되었다. 더 나아가서 숭고, 사건, 분쟁 등 리오타르가 재발견하거나 발전시킨 용어들은 논의의 맥락상 그가 명시적으로 다루어지지 않더라도, 심지어 그의 이름이 거의 언급되지 않더라도 빈번하게 등장하고는 한다. 그러나 온당히 말하자면, 현재 리오타르의 작업이 탐구되고 그에 관한 자세한 논의가 전개되는 주요 영역은 세 가지라고 할 수 있겠다. 포스트모던, 비인간, 미학과 관련된 영역이 그것이다. 이제부터 이 각각에 대해 해당 영역에서 리오타르의 글에 응수했던 여러 비평가들을 언급하면서 더욱 자세히 이야기할 것이다.

『포스트모던의 조건』의 출간 이후, 포스트모더니즘과 포스트모더니티에 관한 논의들은 인문학 전반에 걸쳐 급속도로 증가했다. 이 책에서 보여 주려 했던 바와 같이, 이 분야에서 리오타르의 영향력은 막대했다. "메타서사들에 대한 불신"(1984a : xxiv)이라는 리오타르의 포스트모던 정의는 가장 널리 인용되는 포스트모던의 조건에 대한 정의가 되었다. 설령 그것이 종종 오해되거나 오용되었더라도 말이다. 제임슨 및 보드리야르와 마찬가지로, 비평가들은 포스트모던 비평 이론의 토대를 닦은 인물로 어김없이 리오타르를 언급한다. 그러나 4장에서 말한 바와 같이, 포스트모더니즘에 관한 설명은 비평가마다 서로 매우 다르며, 각자 영향을 끼친 연구 분야와 지향한 목적도 서로 다르다. 이처럼 리오타르의 글이 논의되는 영역과 이에 주목하는 세부적인 내용이 상이하므로, 리오타르는 특수한 유형의 포스트모더니즘만을 설명했다고 보거나 그의 영향을 특정한 영역에 국한시키는 것은 문제가 있다. 하지만 인간의 문화를 설명하는 기존의 방식들에 대한 철학적 과제나 적극적인 정치적 도전으로서 포스트모던을 바라보는 접근 방식은 이와 관련하여 핵심적인 영향을 끼친 인물로 리오타르를 언급하는 경향이 있다고 대체로 말할 수 있다.

이 자리에서 모두 열거하기에는 너무도 많은 사람들이 리오타르의 포스트모던 논의에 대해 이야기했지만, 여기서 언급하는 저작들 가운데 상당수는 정치학, 역사학, 문화 및 문학 연구에서 리오타르의 포스트모더니티 개념을 다룬 글들 중에서도 가장 광범위하게 영향을 미친 책들이라고 할 수 있다.

먼저, 데이비드 하비David Harvey의 『포스트모더니티의 조건The Con -dition of Postmodernity』(1990)(『포스트모더니티의 조건』, 구동회 · 박영민 옮김, 한울, 1994)은 포스트모던 문화와 사회에 관한 일반론을 담고 있는 아주 훌륭한 책이다. 이 책은 리오타르를 다소 환원적으로 해석하고 있다는 점에서 전적으로 유익하다고는 할 수 없지만, 그럼에도 포스트모더니티 분석의 기준이 되는 책 가운데 하나로 자리 잡았다. 하비는 포스트모던을 단순한 문화적 현상 이상의 것으로 파악하는데, 그는 계몽주의부터 현재에 이르는 서구 사상을 돌파해 가면서 이 사이에 시간과 공간에 대한 의미와 지각에서 일어난 변형을 탐색하고, 이러한 변형이 우리가 사회와 문화를 체험하는 방식들에 일으킨 결과를 고찰한다. 하비는 리오타르의 책 가운데 『포스트모던의 조건』만을 약간 험담하는 식으로 언급하지만, 하비의 포스트모던 분석에는 리오타르가 『분쟁』에서 담론 양식 및 역사의 기호를 고찰하는 양상과 매우 가깝고 유사한 측면이 있으므로, 『포스트모더니티의 조건』을 『분쟁』과 함께 읽으면 대단히 유용할 것이다.

역사와 포스트모던의 문제에 관심 있는 사람이라면, 리오타르와 보드리야르의 작업에 크게 의지하여 빼어난 방식으로 역사 기술에 관한 전통적 관행에 이의를 제기하는 키스 젠킨스Keith Jenkins의 『왜 역사인가? 윤리와 포스트모더니티Why History? Ethics and Postmodernity』(1999)가 도움이 될 것이다. 젠킨스는 '역사의 종말'이라는 개념이 이중적인 의미로 이해되어야 한다고 본다. 포스트모더니즘은 마르크스주의적 또는 자유주의적 거대 서사로서의 역사가 끝장났다는 것을 가리킬 뿐 아니라, 영국과 북미의 대학 내 역사학자들이 업으로 삼아 왔고 지금도 여전히 자주 그렇게 하고 있는 역사학에도 공격을 가한다는 것이다. 대학의 역사학에 이의를 제기하는 이러한 과정에서 리오타르는 핵심적 원천이 되는데, 『포스트모던의 조건』과 역사에 관한 리오타르의 글들에 대한 젠킨스의 해석은 이에 대한 유용한 소개일 뿐 아니라, 리오타르의 작업이 기존의 학문적 절차에 맞선 도전임을 보여 주는 중요한 예증이다.

문학비평 분야에서는 리오타르의 개념들을 거듭나게 하려는 여러 가지 다양한 시도들이 전개되어 왔다. 캐나다의 비평가 린다 허천Lin -da Hutcheon은 이를 가장 성공적으로 수행한 사람 가운데 한 명이자, 확실히 이 시대의 문학 전공 학생들에게 가장 도움이 되는 인물이기도 하다. 허천의 책 『포스트모더니즘 시학A Poetics of Postmodernism』(1988) 과 『포스트모더니즘의 정치학The Politics of Postmodernism』(1989)(『포스트모더니즘의 이론과 전략』, 장성희 옮김, 현대미학사, 1998)은 모두 역사, 숭고, 정치에 관한 리오타르의 개념 다수를 참조하여 광범위한 포스트모던 문학과 문화를 자세하게 분석했다. 허천은 리오타르 저작에 대해 상세히 고찰하기보다는 제2차 세계대전 이후 문학과 문화에 나타난 변형(이렇게 포스트모던을 문학적 모더니즘의 시기와 대립되는 역사적 단계로 제시하는 점은 리오타르의 방식과 다르다.)에 초점을 맞추면서 좀 더 넓은 사회적 논쟁들에 개입할 수 있는 예술의 잠재력에 관한 일련의 분석들을 제시한다. 허천의 작업이 갖는 중요한 측면은 그녀가 젠더gender에 관한 가부장적 관념들을 재고하고 이에 도전하는 최근 페미니즘 비평가들의 시도들과 관련시켜 포스트모더니즘을 논의하고, 이 문제에 비판적으로 접근하는 데 리오타르의 글을 핵심적인 요소로서 받아들인다는 점이다.

젠더 연구에 리오타르가 기여한 바를 분석한 또 다른 중요한 책으로, 미국의 비평가 앨리스 자딘Alice Jardine이 쓴 난해한 책 『여성창세기 : 여성과 모더니티의 배치Gynesis : Configurations of Woman and Modernity』 (1985)를 들 수 있는데, 이 책은 동시대의 페미니즘 이론에서 리오타르가 갖는 가치를 자세하게 논의했다.

리오타르의 작업에 영향을 받은 것으로 입증된 두 번째 주요 영역은 '비인간'의 영역으로 명명될 수 있다. 오늘날의 세계에서 인간으로 존재한다는 것은 어떤 의미인지 물으며 인간주의와 보편적 인간성에 관한 계몽주의적 관념들에 도전하는 내용을 구체화한 작품들이 늘어나는 것과 더불어, 인간과 기계 의식 사이의 관계에 대한 관심이 인문학 내부에서 증가하고 있다. 이러한 작품들의 상당수는 이 시대의 문화에서 확인할 수 있듯이 '인간의 한계를 사유'하고자 하며, 이를 위해 『분쟁』과 『비인간』을 중심으로 이루어진 문화와 정치에 관한 리오타르의 분석에 기대고 있다. 3장과 5장에서 논의했듯, 리오타르의 비판적 사유는 문장, 숭고, 분쟁의 철학을 통해 인간주의를 확연히 문제 삼고 있으며, 많은 사상가들은 리오타르의 이 같은 비판을 21세기 초엽이라는 지금 인간으로서 존재한다는 것이 어떤 의미인지 고민하도록 만드는 기술 과학의 발달에 따른 영향을 훈습하는working through 방법론으로 삼았다.

이 주제를 가장 쉽게 소개하고 있는 저서로 스튜어트 심Stuart Sim 이 쓴 짧은 책 『리오타르와 비인간Lyotard and the Inhuman』(2001)(『리오타르와 비인간』, 조현진 옮김, 이제이북스, 2003)이 있다. 이 책은 리오타르의 비인간과 포스트모더니티 논의를 사이보그, 인터넷, 인공지능 등에 관한 다른 사상가들의 분석과 연계시켜 해석했다. 심은 『비인간』에 나타난 리오타르의 주장, 곧 기술의 기준이 삶의 모든 단면들로 침투하고 그로 말미암아 인간성이 파괴된다는 주장이 인터넷과 인공지능 같은 의사소통 기술의 발달이 가져온 영향을 이해할 수 있게 되는 출발점이 된다고 본다. 심의 명민한 리오타르 읽기가 돋보이는 이 책은 인문학의 영역에서 빠르게 중요성을 얻어 가고 있는 한 연구 분야에 관해 유익한 설명을 제공한다.

스콧 브루스터scott Brewster, 존 저긴John Joughin, 데이비드 오웬Dav -id Owen, 리처드 워커Richard Walker가 편집한 『비인간의 성찰 : 인간의 한계를 사유하다Inhuman Reflection : Thinking the Limits of the human』(2000) 는 더욱 복잡하고 철학적인 설명을 제공하는 책이다. 이 탁월한 선집에 수록된 글들은 리오타르의 논의에 크게 의지하면서 비인간, 모더니티, 문학, 욕망, 미래 사이에서 비롯되는 관련 양상들을 사유한다. 리오타르의 사유가 내내 언급되고 있는 이 책에는 『리비도 경제』부터 『하이데거와 '유대인들'Heidegger and 'the Jews'』에 이르기까지 리오타르 저작들을 날카롭게 분석하는 개리 밴험Gary Banham의 글도 포함되어 있다. 이 책에 수록된 글들의 저자들이 암시하는 바는 리오타르가 말하는 비인간의 두 번째 의미, 곧 인간주의 및 인간을 대체해 온 기술 -과학techno-scientific 체계로의 환원에 맞서는 인간 내부의 저항에 근거한 이 시대 문화 비평의 중요성이다.

리오타르의 사유를 다룬 또 다른 유용한 선집으로는 닐 배드밍턴Ne -il Badmington이 편집한 『포스트인간주의Posthumanism』(2000)가 있다. 『비인간』의 일부를 발췌하여 재수록하기도 한 이 책은 이 연구 분야의 핵심적인 글 몇 편을 모아 학생들에게 도움이 될 명쾌하고 유익한 주해와 함께 제공했다.

이 책에서 예술과 숭고에 대한 리오타르의 분석이 상세하게 논의되었음을 감안한다면, 여기서 리오타르의 작업이 계속해서 발전해 나가고 있는 세 번째 영역이 무엇인지 알아챌 수 있다. 이 영역은 바로 미학과 관련된 분야이다. 미학이 지닌 철학적·문학적·정치적 중요성에 대한 관심은 점점 커지고 있으며, 이 분야에 리오타르의 작업은 지대한 영향을 끼쳤다. 최근 들어 숭고는 비평 연구의 핵심 범주 가운데 하나가 되었으며, 칸트, 헤겔, 그리고 18세기 아일랜드의 비평가 에드먼드 버크의 미학에서 숭고가 차지하는 위치에 대한 리오타르의 해석은 오늘날의 문화에서 이 존재들이 지니는 정치적·철학적 영향력을 탐구하려는 이들에게 기본적인 참고 문헌으로 자리 잡았다.

동시대의 미학 논의에 끼친 리오타르의 영향력을 더 살펴보고 싶은 학생들을 위한 책으로 데이비드 캐럴이 쓴 『이상미학 : 푸코, 리오타르, 데리다*Paraesthetics : Foucault, Lyotard, Derrida*』(1987)가 있다. 이 책은 리오타르의 미학 개념이 포스트모던 문화에 대한 정치적 분석을 발생시키는 양상을 탐구하고 있으며, 캐롤의 명쾌하고 상세한 분석은 리오타르 철학에 몇 가지 중요한 통찰을 불어넣는다. 특히 유익한 점은 저자가 리오타르의 작업을 단지 앞선 시대의 철학자 및 비평가와 연계시키는 것을 넘어, 미셸 푸코Michel Foucault와 자크 데리다Jacques Derrida라는 당대의 중요한 프랑스 저자들과 함께 논의함으로써, 현재 미학에 쏠리는 일련의 이론적 관심이 갖는 의미를 전한다는 사실이다.

『숭고에 대하여 : 현존의 문제*Of the Sublime : Presence in Question*』(1993)(『숭고에 대하여:경계의 미학, 미학의 경계』, 김예령 옮김, 문학과지성사, 2005)는 이보다 훨씬 더 복잡한 내용을 담고 있지만, 그럼에도 당대의 선구적인 프랑스 사상가들의 글을 광범위하게 수록했다는 점에서 매우 중요한 선집이다.(이 책에만 실린 리오타르의 글도 있다.) 이 책에 수록된 글들의 대부분은 철학사에서뿐 아니라 모던 예술과 문학, 문화의 정치학에서 숭고가 갖는 중요성을 탐구하는 과정에서 리오타르의 작업에 크게 기대고 있다. 이 글들은 때때로 대단히 어렵고 전문적인 철학 지식을 요하기도 하지만, 인내심을 발휘할 준비가 되어 있는 독자들에게는 미학에 관한 비평적 분석이 향해 가는 지형도를 제시해 줄 것이며, 더불어 이러한 기획에서 리오타르가 갖는 중요성도 밝혀 줄 것이다.

최근에는 영어권에서 활동하는 비평가들도 미학의 중요성을 인식하기 시작했다. 이렇게 발전 중인 영어권 미학 분야의 핵심 저작은 테리 이글턴Terry Eagleton의 『미학의 이데올로기The Ideology of the Aesthetic』(1990)(『미학사상』, 방대원 옮김, 한신문화사, 1995)이다. 이글턴은 리오타르를 다소 부정적으로 읽긴 하지만, 18세기부터 현재에 이르는 미학의 전개 과정을 명확하고 알기 쉬운 문체로 탐구한다. 이글턴은 미학에는 이데올로기와 정치가 긴밀하게 결부되어 있지만 사회체제와 가치를 비판할 수 있는 방법을 미학이 발생시킨다고 주장하면서, 미학을 바라보는 칸트에서 포스트모더니스트들까지의 서로 다른 생각들에 내재된 정치성을 탐색한다.

이소벨 암스트롱Isobel Armstrong의 『급진적 미학The Radical Aesthetic』(2000) 또한 문학 및 문화 비평에서 미학에 대한 고려가 갖는 중요성을 고찰하며, 이글턴에 비해서는 미학에 관한 리오타르 및 다른 포스트모던 비평가의 논의를 훨씬 긍정적으로 평가한다. 그러나 이글턴과 암스트롱의 책 모두 미학을 근대 세계의 정치조직 체제에 의문을 제기하는 방법으로서 사용하고 있으며, 이들이 미학들 사이의 상이한 구성 방식을 검토하는 과정은 6장에서 소개한 리오타르의 모더니티 다시 쓰기와 많은 유사점이 있다.

1998년에 사망한 뒤에도 리오타르의 중요성은 지속적으로 커지고 있는데, 오늘날의 사회가 처해 있는 가장 복잡하고 시급한 문제들을 철저히 사유할 수 있는 새로운 방식들을 발견하고자 비평가들이 계속 그의 작업으로 되돌아가고 있기 때문이다. 더 많은 리오타르의 저작들이 영어로 번역됨에 따라, 그의 사유가 제기하는 질문들은 더욱 광범위해지고, 정치, 철학, 예술, 문화에 관한 그의 면밀한 분석들이 끼친 영향은 인문학 전반에 걸쳐 확산되고 있다. 이 같은 영향력이 얼마나 넓게 멀리 미쳤는지를 판단하기에는 아직 너무 이르고, 훗날 비평가들과 사상가들이 리오타르의 전방위적 사유를 또 어떤 분야로 가져갈지 예견하는 것도 어려운 일이다. 그러나 리오타르가 자신의 글에서 펼쳐 보인 도전들이 오늘날의 세계를 이해하고픈 누구에게나 당분간 대단히 중요할 것이라는 사실만큼은 지금도 확인할 수 있다.

리오타르의 모든 것

■장 프랑수아 리오타르의 저작

이 책에서 언급한 모든 텍스트는 영어로 번역되어 있으며, 리오타르의 저작들도 현재 대부분 영역되어 있다. 학생들의 상당수는 『포스트모던의 조건』이나 「질문에 답함 : 포스트모던이란 무엇인가?」 같은 책이나 글을 통해 리오타르의 생각을 처음 접한다. 이러한 글들은 아마 리오타르의 비판적 사유를 맛보기에는 최적의 텍스트들이겠지만, 리오타르 전체를 대표한다고 볼 수는 없다.

이 텍스트들을 읽은 뒤에는 『공정한 게임』을 집어들 수도 있을 텐데, 이 책은 누구나 쉽게 접근할 수 있도록 구성된· 일련의 대담들을 통해 앞의 두 텍스트에서 제기된 문제들의 대부분을 다룬다. 그리고 아마 리오타르의 가장 중요한 책일 『분쟁』을 읽으면, 리오타르의 난해한 후기 저작들로 나아가는 데 가장 상세한 안내를 받을 수 있을 것이다. 물론 몇몇 독자들은 리오타르의 초기 저작들을 읽고 싶을 텐데, 이때 가장 쉽게 구할 수 있는 텍스트는 아마 『리비도 경제』일 것이다. 이 책은 매우 어렵고 가끔 불온해 보이기도 하겠지만, 그럼에도 아주 재미있고 비평적 관심을 불러일으키는 부분이 책 곳곳에서 발견되는 텍스트이다.

한편 리오타르의 짧은 비평문에 끌리는 독자들이라면, 『포스트모던 해설』, 『비인간』, 『정치적 글쓰기』, 『포스트모던 이야기』, 『리오타르 읽기The Lyotard Reader』 등과 같은 여러 선집들이 유용하다. 선집들은 이 책에서 논의된 다방면에 걸친 리오타르의 저작들에서 선별된 유익한 글들을 모아 놓았다. 이 모든 텍스트에 관한 세부 사항은 이어지는 내용을 참조하라.

이 책은 1970년대 후반부터 현재에 이르는 리오타르의 저작들, 말하자면 '포스트모던'하다고 할 수 있는 그의 저작들에 주로 초점을 맞추었다. 그러나 이 책에서 미처 살펴보지 못한 다른 중요한 텍스트들도 많이 있다. 여기서는 앞서 논의한 책들을 비롯하여, 리오타르의 나머지 저작들을 그 내용과 중요성, 학생들의 접근 가능성 등에 관한 짤막한 설명을 곁들여 소개한다.

다음의 리오타르 책들은 그의 출판 이력을 이해하자는 뜻에서 원문의 초판 발행 연도순으로 정렬되어 있다. 영어권 독자들을 위해 특별히 출간되고 번역된 몇몇 선집을 제외하면, 리오타르의 모든 책은 본래 프랑스어로 발간되었다. 서지 사항의 경우, 독자들이 가장 구하기 쉬울 영역본 텍스트로 정리했다. 이 때문에 발행 연도가 대부분 두 번 표시되는데, 앞에 나오는 〔 〕 안 숫자는 프랑스어 초판의 발행 연도를, 다음에 나오는 ( ) 안 숫자는 영역본의 발행 연도를 각각 가리킨다. 나머지 세부 항목들은 영역본의 서지 사항이다. 그리고 발행 연도가 하나만 표기되어 있는 텍스트 또는 선집은 초판이 영어로 발간된 책임을 밝혀 둔다.

_____ (1954) *La Phénoménolgie*, Paris: Presses Universitaires de France(PUF). (English version, 1991, *Phenomenology*, trans. B. Bleakley, Albany, New York : State University of New York Press.) (한국어판: 『현상학이란 무엇인가』, 김연숙 · 김관오 옮김, 까치, 1998.)

리오타르의 첫 책으로, 현상학(철학적 분석의 형식)의 가치를 인문과학(인간과학)의 다양한 측면, 특히 마르크스주의와 관련하여 논의하고 있다. 이 책에는 중요한 일련의 논의들이 담겨 있는데, 그 가운데 상당수는 훗날 리오타르의 저작에서 표면화된다. 하지만 상세한 철학적 논의가 전개되기 때문

에, 철학사와 리오타르의 관계에 관심이 있는 독자들이 주로 관심을 가질
법하다.

_____ (1974) *Economie libidinale*, Paris : Minuit. (English version, 1993, *Libidinal*
Economy, trans. Iain Hamilton Grant, London : Athlone.)
아마 영어로 번역된 리오타르의 초기작 가운데 가장 중요하고 도전적인 책일
것이다. 매우 어렵지만 자극적인 내용이 이어지면서 프로이트와 마르크스,
자본주의에 관한 꽤나 흥미로운 논의를 펼쳐 보인다. 이 책에서 리오타르의
문장은 복문으로 길게 이어지는 탓에 가끔씩 쫓아가기가 무척 어렵지만, 그
가 사용하는 이미지들은 종종 인상적이고 사유는 도발적이다. 이 책은 곳곳
에 배어 있는 불온함으로 말미암아, 리오타르가 포스트모던에 흥미를 갖기
이전의 작업에 더욱 주목하려는 비평가와 사상가 사이에서 관심이 증가하고
있다. 이 책에 대한 매우 뛰어난 설명이 제임스 윌리엄스James Williams의『리
오타르와 정치적인 것*Lyotard and the Political*』(2000)에 수록되어 있다.

_____ (1977) *Les Transformateurs Duchamp*, Paris : Galilée. (*Duchamp's TRANS/*
formers, 1990, Venice, California : Lapis Press.)
20세기의 실험적 예술가 뒤샹의 작품을 분석한 글과 강연을 모은 책이다.
리오타르는『리비도 경제』및 다른 초기 작업들에서 전개한 개념들을 바탕
으로, 뒤샹의 작품이 동시대의 사고와 사회를 향해 던지는 도전들을 종종 재
미나고 유쾌한 방식으로 보여 준다.

_____ (1979) *La Condition postmoderne : rapport sur le savoir*, Paris : Minuit. (*The*

Postmodern Condition : A Report on Knowledge, 1984, trans. Geoff Bennington and Brian Massumi, Manchester : Manchester University Press.) (한국어판: 『포스트모던의 조건』, 유정완 · 이삼출 · 민승기 옮김, 민음사, 1992.; 『포스트모던적 조건』, 이현복 옮김, 서광사, 1992.)

이 책은 리오타르를 영어권에 처음 널리 알린 저작이며, 가장 많이 논의된 텍스트이다. 이 책이 꼭 리오타르의 저작 전체를 대표하는 것은 아님에도 불구하고, 그의 글에서 가장 쉽게 연상되는 주제는 포스트모던이다. 이 책은 리오타르가 퀘벡 주 정부의 청탁을 받아 오늘날 서구 사회에서 지식이 차지하는 위상에 관한 보고서로 작성한 것으로, 근대성, 곧 모더니티를 구체화한 거대 서사가 이제는 신뢰를 상실하였으므로 세계를 이해하는 새로운 방식이 필요하다는 주장이 담겨 있다. 이 선구적인 저작은 여전히 포스트모더니티를 가장 예리하게 서술한 책으로서 그 유효성을 잃지 않고 있다. 워낙 널리 알려진 책이기에 아마 리오타르를 처음 읽는 사람에게는 가장 적합한 텍스트일 것이다.

_____ with Jean-Loup Thébaud (1979) *Au juste : conversations*, Paris : Bourgois. (*Just Gaming*, trans. 1985, Wlad Godzich, Minneapolis : University of Minnesota Press.)

본서의 3장에서 자세하게 다룬 중요한 텍스트로서, 프랑스어 초판은 『포스트모던의 조건』과 같은 해에 출간되었다. 이 책은 윤리와 정치의 문제, 그리고 포스트모더니티에서 실현 가능한 정의 개념이 존재하는지의 여부 등에 관해 리오타르와 장 루 테보가 나눈 일련의 대담들로 구성되어 있다. 이야기는 광범위하게 진행되며, 테보는 질문을 통해 리오타르의 생각에 불일치와 모순이 없는지 신중히 접근하면서 리오타르의 사유가 지닌 여러 중요한 측면들을 짚어 나간다. 몇몇 논의들은 철학에 익숙하지 않은 독자들에게는 다소 애매해 보일 수도 있지만, 이 책이 보여 주는 명쾌함과 과감함은 흥미진진하며 읽을 만한 가치가 있다.

_____ (1983) *Le Différend*, Paris : Minuit. (*The Differend : Phrases in Dispute*, 1988, trans. Georges Van Den Abeele, Manchester : Manchester University Press.)

아마도 리오타르의 저서 가운데 가장 중요하고 파급력이 큰 책일 것이다. 『분쟁』에서 리오타르는 『포스트모던의 조건』과 『공정한 게임』에서 언급했던 언어 게임 논의를 발전시키면서 문장의 철학을 더욱더 다방면으로 활용할 수 있도록 만들어 낸다. 이 책에서 리오타르는 대안적인 문장화 방식들이 주류 담론 양식에 침묵당하고 배척되는 상황을 분쟁 개념으로 파악하고, 이를 홀로코스트, 모더니티, 윤리, 역사, 정치 등과 연관시켜 분석한다. 『분쟁』은 리오타르의 후속 작업에 이론적 버팀목으로 작용하면서 인문학 전반에 커다란 영향을 끼쳤으며, 리오타르를 진지하게 비판하려는 사람은 반드시 읽어야하는 핵심적인 텍스트이다. 역시 무척 재미있는 책이기도 하다.

_____ (1984) *L'Assassinat de l'expérience par la peinture, Monory*, Paris : Le Castor Astral. (*The Assassination of Experience by Painting - Monory*, 1998, trans. Rachel Bowlby, London : Black Dog.)

프랑스의 예술가 자크 모노리Jacques Monory(1924~)를 분석하는 책으로, 회화를 흑백과 컬러 일러스트레이션의 두 가지 계열로 나누어 아주 자세히 논의하고 있다. 이 책은 오랜 기간에 걸쳐 씌어졌는데, 결과적으로 『리비도 경제』와 『분쟁』 사이에 나타나는 변화와 연속성을 잘 보여 주고 있다. 영어로 된 글 가운데서는 미술에 대한 리오타르의 접근 방식을 가장 잘 보여 주는 사례라고 생각되며, 포스트모던에 관한 리오타르의 널리 알려진 텍스트들을 골라 상당 부분 수록하였다. 리오타르가 사회적·정치적·철학적 문제의식을 견지하며 예술에 접근해 가는 복잡다단한 방식들을 잘 드러내는 아주 좋은 본보기이다.

_____ (1988) *Peregrinations : Law*, Form, Event, New York : Columbia University Press.

연속된 세 편의 강연으로 이루어진 책이다. 강연에서 리오타르는 사상가로서 자신이 발전해 가는 과정을 묘사하고, 오늘날의 세계를 분석한 자신의 저작에 담긴 몇 가지 함의를 논의한다. 한편 이 책에는 '마르크스주의를 추억하며A Memorial for Marxism'이라는 제목이 달린 긴 글이 수록되어 있는데, 이글에서 리오타르는 혁명운동조직 '사회주의냐 야만이냐'와의 결별에 대해 자세히 이야기하고 있다. 책 뒤에는 1987년까지의 리오타르 저작과 이에 대한 비평적 반응을 아주 상세하게 정리한 서지 목록이 첨부되어 있다. 명확하게 씌어져 있고 때때로 격식에 크게 얽매이지 않는 강연의 특성이 더해진다는 점에서, 이 책은 리오타르에 다가가는 최적의 입문서 가운데 한 권이라고 할 수 있다.

_____ (1986) *Le Postmoderne expliqué aux enfants : correspondance 1982-1985*, Paris : Galilée. (*The Postmodern Explained : Correspondence 1982-1985*, 1992, trans. Don Barry, Bernadette Maher, Julian Pefanis, Virginia Spate and Morgan Thomas, Minneapolis : University of Minnesota Press.)(일부가 『지식인의 종언』, 이현복 편역, 문예출판사,

1993에 수록)

『포스트모던의 조건』 출간 이후 전개된 논쟁들에 대한 응답의 차원에서 리오
타르가 쓴 매우 중요하고 영향력 있는 글들을 모은 선집. 여기 수록된 글들은
어떤 점에서는 『포스트모던의 조건』과 『분쟁』 사이를 잇는 훌륭한 연결 고리
로 작용하면서, 두 저서에서 논의된 개념들에 대한 유용한 부연 설명을 제공
한다. 이 책에는 「질문에 답함 : 포스트모던이란 무엇인가?」, 「보편사에 관하
여」, 「'포스트-'의 의미에 관하여Note on the Meaning of the 'Post-'」등을 비롯한
여러 편의 주요한 글들이 매우 정확하고 명료하게 번역되어 실려 있다. 『포스
트모던의 조건』 다음으로 읽기에 가장 좋은 책이라 할 수 있다.

이 책은 『아이들을 위한 포스트모던 해설The Postmodern Explained to Children :
Correspondence 1982-1985』(London : Turnaround, 1992)이라는 판본으로 출간되기
도 했는데, 여기에는 비평가 블라드 갓지히Wlad Godzich의 해설이 빠져 있다.
그 외에는 두 판본이 동일하다.

_____ (1988) *Heidegger et 'les juifs'*, Paris : Galilée. (*Heidegger and 'the jews'*, 1990,
trans. Andreas Michel and Mark Roberts, Minneapolis : University of Minnesota Press.)

프랑스 사상계에 나타난 중대한 지적 위기에 초점을 맞춘 책. 그 위기의 핵
심 요인 가운데 하나는 독일의 철학자 마르틴 하이데거가 나치즘에 동조했
고 심지어 나치당원이기도 했다는 사실이 폭로된 것이었다. 『분쟁』을 비롯
하여 홀로코스트를 다루었던 자신의 텍스트들을 바탕으로 리오타르는 하이
데거의 나치즘과 관련된 논쟁에 참여한다. 이 책의 첫 번째 장에서는 서구
사회에서의 유대인의 위치(이 책에서 유대인은 소문자로, 그리고 국외자의 대표
격으로 인용 부호에 묶여 표현된다. 즉, 'the jews'라고 말이다.)에 대해 논의하고, 홀

로코스트와 역사에 대한 문제를 제기한다. 두 번째 장에서는 하이데거에 대해 이야기하는데, 나치즘과 연루된 하이데거를 결코 너그럽게 봐주지 않고 이 시대의 이론에 이 문제가 어떤 함의를 갖는지 철저히 사유하고자 한다. 이 책은『분쟁』에서 개진된 생각들을 토대로 복잡한 논의를 펼쳐 나가므로, 아마『분쟁』의 주장들을 상기하며 읽는 것이 가장 바람직한 독법일 것이다.

_____ (1988) *L'Inhumain : causeries sur le temps*, Paris : Galilée. (*The Inhuman : Reflecti -ons on Time*, 1991, trans. Geoffrey Bennington and Rachel Bowlby, Cambridge : Polity Press.)

『비인간』은 리오타르의 가장 중요하면서도 광범위한 영역을 다루는 책 가운데 한 권이다. 이 책에 수록된 글들은 시간의 문제와 관련하여 모던 예술에서 과학 기술적 혁신에 이르는 폭넓은 범위의 논점들을 고찰하고 있다. 「모더니티 다시 쓰기」, 「숭고와 아방가르드」 등 리오타르의 가장 급진적이고 중요한 개념들 일부를 설명하는 글들이 다수 실려 있다. 이 책 역시『분쟁』에서 전개된 개념들을 많이 사용하고 있으므로『분쟁』의 논의를 염두에 두고 읽는 것이 가장 좋을 법하지만, 리오타르의 이전 텍스트를 많이 접하지 않은 사람에게도 그리 어렵지는 않을 것이다.

_____ (1989) *The Lyotard Reader*, Andrew Benjamin (ed.), Oxford : Blackwell. (일부가 『포스트모던의 조건』, 민음사에 수록)

리오타르의 지적 여정에서 핵심적인 글 여러 편을 모은 중요한 선집이다. 이 책은 예술(5장에서 『비인간』을 다루며 언급했던 바넷 뉴먼Barnett Newman에 관한 논의도 수록되어 있다.), 정신분석학, 영화, 유대교 등에 관한 리오타르의 가장 영향력 있는 분석들을 다수 수록하고 있다. 역사와 홀로코스트를 다룬 마지막 부분의 글들은 리오타르의 정치학을 이해하는 데 대단히 중요하다.

_____ (1991) *Leçons sur l'Analytique du sublime : Kant, Critique de la faculté de juger,* *#23-29*, Paris : Galilée. (*Lessons on the Analytic of the Sublime*, 1994, trans. Elizabeth Rottenberg, Stanford, California : Stanford University Press. (『칸트의 숭고미에 대하여』, 김광명 옮김, 현대미학사, 2000)

칸트가 『판단력비판』에서 숭고에 대해 설명하는 부분을 상세히 읽어 나가는 책이다. 확실히 철학 전공 학생들이 관심을 가질 만한 책이지만, 「질문에 답함」, 『분쟁』, 『비인간』 등의 핵심적인 텍스트에서 주요 개념으로 등장하는 리오타르의 숭고 개념을 더욱 자세하게 알고 싶은 누구에게나 유용할 책이다. 이 책은 제법 복잡하게 구성되어 있어 아무래도 칸트 철학에 익숙한 사람에게 더 수월하겠지만, 철학 비전공자도 읽을 수 있을 만큼 리오타르의 설명은 매우 상세하고 명료하다.

_____ (1993) *Moralit és postmodernes*, Paris : Galilée. (*Postmodern Fables*, 1997, trans. Georges Van Den Abeele, Minneapolis : University of Minnesota Press.)

현대 세계의 정치, 철학, 예술, 문화에 관하여 논의하는 글들을 모은 선집이다. 수록된 글은 대개 짧은 이야기나 일화들로 시작하는데, 리오타르는 이 이야기들의 다방면에 걸친 중요성을 환기시키고 있다. 이 짧은 글들은 대부분 읽는 재미가 있어, 아마 읽다 보면 어느새 리오타르가 다른 저서에서 더욱 자세히 분석하는 복잡한 개념들 몇 가지와 마주치게 될 것이다. 그 가운데서도 「어떤 포스트모던 이야기A Postmodern Fable」는 포스트모더니즘에 관심 있는 사람이라면 특히 흥미로울 것이다.

_____ (1993) *Toward the Postmodern*, Robert Harvey and Mark S. Roberts (eds.), New Jersey : Humanities Press.

리오타르가 1970년부터 1991년까지 예술, 문화, 문학에 관하여 쓴 글들을 모은 책. 여기 실린 글들은 리오타르가 선도한 포스트모던 논의의 후속 작업으로서, 관련된 이야기들을 계속 이끌어 나가고 있다. 이 책에서 펼쳐지는 폭넓은 논의들 가운데 일부는 본서에 소개된 개념들과도 밀접한 관계가 있다. 그러나 이 책에 수록된 글들은 가끔 매우 어려운 내용도 담고 있기 때문에, 리오타르의 주요 텍스트들에 어느 정도 익숙해진 다음에 접할 때 더욱 잘 읽힐 것이다.

_____ (1993) *Political Writings*, trans. Bill Readings and Kevin Paul Geiman, London : University College London Press.

1940년대부터 1990년대 초반에 이르는 리오타르의 지적 여정 속에서 표출된 핵심적인 견해들을 망라하는 대단히 중요한 선집이다. 이 책은 정치적 논쟁들에 관한 리오타르의 분석에 초점을 맞추었으며, 수록된 글들은 지식인의 역할, 사회에서 대학이 차지하는 위치, 미디어와 홀로코스트 등과 같은 주제들을 다루고 있다. 이 책의 마지막 장에는 리오타르가 '사회주의냐 야만이냐' 집단과 함께 알제리에서 정치적 행동가로 활동하던 시절에 쓴 글 몇 편이 실려 있다. 이 책에서 드러나는 논의의 폭(텔레비전 출연부터 신문 기사 및 세미나에 이른다.)이 리오타르의 저작에서 다루어지는 대상들의 광범위함을 잘 말해 주지만, 그렇기 때문에 수록된 글 가운데 일부는 다른 사람들보다 특히 초보자가 더욱 쉽게 바로 읽을 수 있다.

_____ with Eberhard Gruber (1993) *Un Trait d'union*, Quebec : Le Griffon d'argile. (*The Hyphen : Between Judaism and Christianity*, 1999, trans. Pascale-Anne Brault and Michael Nass, New York : Humanity Books.)

비평가로 활동하는 에버하르트 그루버Eberhard Gruber와 리오타르가 '유대-기독교적Judeo-Christian'이라는 용어 속 '-' 부호의 의미를 놓고 토론하는 내용을 담고 있다. 리오타르와 그루버의 주장에 따르면, 두 종교 사이의 관계는 로마 제국의 멸망부터 나치의 홀로코스트에 이르기까지 서양의 사상과 문화에 몇 차례의 중대한 동요를 일으켰다. 리오타르가 '-' 부호를 두 용어 사이의 분쟁이 현존하는 지점이라고 판단하는 반면, 그루버는 그 부호가 이행passage을 가리키는 것이라고 본다는 점에 이들 논쟁의 핵심이 자리하기 때문에, 이 텍스트는 리오타르의 분쟁 개념을 통해 그러한 논란들을 살펴볼 수 있는 아주 적절한 예시가 된다. 철학적·신학적 측면에서 꽤나 복잡한 이야기들이 책 곳곳에 실려 있지만, 그러한 논의들은 또한 이 책만의 매력이기도 하다.

_____ (1996) *Signé Malraux*, Paris : Grasset. (*Signed, Malraux*, 1999, trans. Robert Harvey, Minneapolis : University of Minnesota Press.) (『말로: 죽음을 이기려 했던 행동의 작가』, 이인철 옮김, 책세상, 2001.)

프랑스의 작가이자 모험가인 앙드레 말로에 대해 전기적으로 서술한 책. 이책은 말로의 문학적 저작과 비문학적 저작 모두를 참고하여 20세기 프랑스의 정치와 문화, 특히 프랑스의 베트남 식민 통치와 제2차 세계대전, 프랑스의 전후 재건 등을 거치며 나타난 다양한 양상들을 다룬다. 이를 통해 리오타르는 정체성, 성, 미학 등에 관한 도전적인 질문들을 연이어 던지는 한편, 말로의 저작들을 활용하여 이러한 주제들을 이론화하는 기존의 방식들에 몇 가지 이의를 제기한다. 리오타르의 더 추상적인 철학적 저서들에서 제기된 주장들이 구체적인 텍스트를 통해 실행에 옮겨지는 과정을 확인하는 데 적합하거니와 매우 재미있게 읽히는 책이다.

_____ (1998) *La Confession d'Augustin*, Paris : Galilée. (*The Confession of Augustine*, 2000, trans. Richard Beardsworth, Stanford, California : Stanford University Press.)

리오타르가 사망 직전까지 집필한 생애 마지막 저작. 결과적으로 이 책은 미완성으로 남게 됐지만, 한데 모인 단장斷章들은 확실히 매력적이다. 리오타르는 아우구스티누스의 『고백록』(400)을 분석하면서, 이 책이 개인의 자아에 대한 의식을 구성해 나가는 방식을 보여 준다는 점에서 서구 근대성, 곧 모더니티의 근원이 되는 핵심 텍스트 가운데 하나라고 주장한다. 본문에서 성적 욕망, 단절, 분열 등에 주목하는 점은 『아우구스티누스의 고백』이 본서 6장에서 논의한 리오타르의 '모더니티 다시 쓰기' 과정을 보여 주는 훌륭한 본보기가 되는 이유이기도 하다.

_____ (1998) *La Chambre sourde : L'Antiésthetique de Malraux*, Paris : Galilée. (*Soundproof Room : Malraux's Anti-Aesthetics*, 2001, trans. Robert Harvey, Stanford, California : Stanford University Press.)

말로에 관한 리오타르의 또 다른 저작. 『방음실』은 근대 거대 서사의 파괴, 그리고 절망에 대한 굴복을 거부하는 데서 오는 힘이라는 측면에서 말로의 작품을 해석한다. 『방음벽』은 미학, 정체성, 공동체 등에 관한 일련의 중요한 논의들을 제시한다는 점에서, 리오타르의 모더니티 다시 쓰기 기획과 관련하여 문제가 되는 지점을 잘 보여 주는 또 하나의 매우 중요한 사례이다.

■장 프랑수아 리오타르에 관한 저작

이 책은 아마도 리오타르의 저작들을 비평적으로 소개하는 글 가운데 가장 쉬운 텍스트일 것이다. 리오타르의 글에 나타난 몇몇 측면들을 깊이 있게 고찰하려는 사람이나 특히 그의 초기 저작에 더 주목하려는 사람은 다음의 텍스트들로 시작하는 것이 가장 좋을 것이다. 본질적으로 리오타르의 작업은 논쟁적이기 때문에, 비평가들은 그의 글과 관련하여 특정한 입장을 취하는 경우가 많다. 대체로 리오타르에 동조하는 비평가들로는 베닝턴Bennington(1988), 캐럴(1987), 레딩스(1991), 심(1996) 등이 있고, 브라우닝(2000)은 이들보다는 덜 호의적이며, 윌리엄스(Williams 1998 & 2000)의 경우 리오타르의 포스트모던 관련 저작에 불만이 있다. 여기서는 각 텍스트가 초점을 맞추고 있는 부분과 책의 난이도에 관해 간략하게 언급한다.

Benjamin, Andrew (ed.) (1992) *Judging Lyotard*, London : Routledge.

주로 영국과 북미 지역의 필자들이 『포스트모던의 조건』과 『공정한 게임』을 중심으로 리오타르의 포스트모던 논의를 다룬 글들을 모은 탁월한 선집이다. 때때로 난해하고 복잡한 철학적 내용들이 있지만, 여기 수록된 글들은 리오타르의 사회·정치 비판에서 제시된 주장들을 정리하는 데 아주 유익하다. 이 책은 또한 리오타르가 칸트 미학의 정치성에 대해 쓴 글 「공통감각 *Sensus Communis*」의 영어 번역문을 수록했다.

Bennington, Geoffrey (1988) *Lyotard : Writing the Event*, Manchester : Manchester University Press.

초기부터 1980년대 후반까지의 리오타르 저작들을 훌륭히 소개한 책이다. 저자는 리오타르의 주장에 담긴 여러 실타래들을 풀어 나가며 막힘없이 서술해 낸다. 이 책의 주된 관심사는 '사건'의 정치적 함의, 그리고 리오타르의 작업이 진전됨에 따라 이러한 정치성이 변화하는 양상이다. 한 논의에서 다른 논의로 너무 빨리 넘어가기는 하지만, 매우 도움이 되는 2차 문헌이다.

Browning, Gary (2000) *Lyotard and the End of Grand Narratives*, Cardiff : University of Wales Press.

저자는 모더니티의 거대 서사를 정당화하는 기제에 맞서는 리오타르의 포스트모던적 도전에 주목한다. 이 책은 리오타르의 이 같은 작업에 관한 유용한 개관을 제공하면서도 이에 대한 중대한 비판들을 연속적으로 제기함으로써, 결과적으로 리오타르의 포스트모던 사유가 지지할 것 같지 않은 마르크스주의적/헤겔주의적 성향에 가까워진다. 이 책은 정치 이론에 크게 비중을 두고 있으므로, 사회학이나 정치학을 전공하는 학생들에게 배경 지식을 전달하는 텍스트로서 도움이 될 것이다.

Carroll, David (1987) *Paraesthetics : Foucault, Lyotard, Derrida*, London : Methuen.

이 책은 리오타르의 저작은 물론이고, 그의 동료인 자크 데리다(1930~2004)와 미셸 푸코(1926~1984)의 저작에 나타난 미학의 중요성에도 초점을 맞추었다. 리오타르와 관련하여 저자는 『분쟁』, 『리비도 경제』, 『공정한 게임』에서 전개된 개념들을 집중적으로 조명함으로써, 이 세 권의 책을 읽는 데 유용한 통찰력을 가져다준다. 저자는 매우 복잡한 개념들을 다루면서도 명료하고 유기적으로 책을 구성하고 있어, 예술, 문학, 문화, 정치 사이의 상호 관계에 연관된 여러 논제들을 철저히 사유하려는 사람들에게는 이 책이 탁월한 지침서가 될 것이다. 또한 리오타르의 사유를 동시대 프랑스의 다른 비판적 사상가들과 관련하여 살펴본다는 점도 도움이 된다.

Diacritics. volume 14 number 3(Fall 1984).

리오타르의 작업을 특집으로 다룬 학술지 《다이아크리틱스》의 특별호로서, 캐럴, 조르주 반 덴 아벨레George Van Den Abeele, 레딩스, 베닝턴 등을 비롯한 많은 리오타르 연구자들이 리오타르의 텍스트에 관하여 쓴 매우 유익한 글들을 수록했다. 『분쟁』의 출간에 맞추어 당시까지의 자신의 이력을 정리하는 리오타르의 짧은 인터뷰도 실려 있다.

Hutchings, Kimberly (1996) *Kant, Critique and Politics*, London : Routledge.

이 책은 칸트의 비판철학을 간명하게 소개하고, 그것이 리오타르나 하버마스 같은 최근의 사상가들에게 수용된 몇 가지 양상들에 관한 유익한 논의들을 제공한다. 리오타르를 주로 다루고 있는 장은 역사에 관한 그의 글들과 함께 『포스트모던의 조건』, 『공정한 게임』, 『분쟁』 등을 통찰력 있게 논의한다. 때때로 문제 삼고 있는 리오타르의 칸트 해석에 대해서는 저자가 신중하고 주의 깊게 설명한다. 칸트의 철학과 정치학에 대한 현대적 해석들 사이에 존재하는 중요한 차이들을 훌륭히 소개하는 동시에, 리오타르의 핵심적인 철학적 원천 가운데 하나를 유용하게 분석하고 있는 책이다.

Readings, Bill (1991) *Introducing Lyotard : Art and Politics*, London : Routledge.

리오타르의 철학이 관여하는 전 분야를 효과적으로 소개하는 책으로서, 매우 난해한 부분들이 군데군데 있긴 하지만, 다양한 문화적 사례들을 언급하면서 숭고, 분쟁, 사건 등의 핵심 개념들이 갖는 잠재력 영향력을 증명해 낸다. 저자가 예술, 문화, 역사의 사례들을 다방면으로 활용하는 방식을 통해 예술과 문화에 관한 리오타르의 정치철학을 들여다볼 수 있는 흥미롭고도 유익한 책이다.

Sim, Stuart (1996) *Jean-François Lyotard*, Hemel Hempstead : Prentice Hall and Harvester Wheatsheaf.

리오타르의 저작들을 가장 쉽게 소개하고 있는 책 가운데 하나로, 초창기 알제리에서 쓴 글들에서 포스트모던 철학으로 옮겨가는 리오타르의 면모를 확인하고픈 학생들이 다음 단계로 나아가는 발판으로 삼기에 아주 적합한 책이다. 저자는 리오타르 작업의 전개 과정을 분명하게 그려 내며, 그의 포스트모던 이론 및 그것과 마르크스주의의 관계에 관한 중요한 몇 가지 통찰들을 제시한다.

Sim, Stuart (2001) *Lyotard and the Inhuman*, Cambridge : Icon Books. (『리오타르와 비인간』, 조현진 옮김, 이제이북스, 2003.)

인간주의 철학에 대한 최근의 도전들을 고찰하는 책으로, 아주 짧고 이해하기 쉽게 씌어졌다. 이 책은 『비인간』에서 개진된 리오타르의 주장에 크게 의존하면서도, 인간과 사이보그 사이의 경계가 희미해지는 양상 및 우리 사회의 '컴퓨터화computerisation'를 탐구하는 다른 사상가들도 함께 소개하고 있어 유익하다.

Williams, James (1998) *Lyotard : Towards a Postmodern Philosophy*, Cambridge :
Polity Press.

초기 글들부터 『비인간』에 이르는 리오타르의 사유를 소개하고, 그의 핵심 저작들 대부분을 분명하면서도 독자적으로 해석하려고 하는 책이다. 저자는 리오타르를 칸트의 관점보다는 니체의 관점으로 읽어 나가는데, 이 때문에 저자의 분석은 본서에서 행해진 것과는 완전히 다른 방향으로 나아간다. 이 책을 더욱 유용한 텍스트로 만들어 주는 것도 이처럼 저자의 글쓰기가 견지하는 분명한 관점이다. 리오타르가 연관돼 온 논쟁들을 다루는 마지막 장은 통찰력이 번득이며, 리오타르의 작업을 최근 철학적·정치적 논의의 맥락과 훌륭히 연계시키고 있다.

Williams, James (2000) *Lyotard and the Political*, London : Routledge.

리오타르가 비교적 근래에 내놓은 포스트모던 관련 논의들 가운데 일부를 대상으로 삼아 그 가치에 이의를 제기한 매우 난해한 책이다. 이 책에서 아마 가장 도움이 되는 부분은 리오타르가 알제리에서 썼던 초창기의 글과 그가 밝힌 마르크스주의와의 단절을 분석하는 대목일 것이다. 나아가, 저자가 리오타르의 가장 중요한 저서로 꼽는 『리비도 경제』에 관한 논의는 대단히 명쾌하면서도 자세하며, 오늘날의 사유와 연관된 중요한 논점들을 제시하고 있다.

■ 참고문헌

Armstrong, Isobel (2000) *The Radical Aesthetic*, Oxford : Blackwell.
Badmington, Neil (ed.) (2000), *Posthumanism*, Basingstoke : Palgrave.
Baudrillard, Jean (1994) *The Illusion of the End*, trans. Chris Turner, Cambridge : Polity.
_____ (1995) *The Gulf War Did Not Take Place*, trans. Paul Patton, Sydne y : Power.
Benjamin, Andrew (ed.) (1992) *Judging Lyotard*, London : Routledge.
Bennington, Geoffrey (1988) *Lyotard : Writing the Event*, Manchester : Manchester University Press.
Brewster, Scott, Joughlin, John, Owen, David and Walker, Richard (eds) (2000) *Inhuman Reflections : Thinking the Limits of the Human*, Manchester : Manchester University Press.
Browning, Gray (2000) *Lyotard and the End of Grand Narratives*, Cardiff : University of Wales Press.
Carroll, David (1987) *Paraesthetics : Foucault, Lyotard, Derrida*, London : Methuen.
Davis, Tony (1997) *Humanism*, London : Routledge.
Eagleton, Terry (1990) *The Ideology of the Aesthetic*, Oxford : Blackwell.
_____ (1996) *The Illusions of Postmodernism*, Oxford : Blackwell.
Elam, Diane (1992) *Romancing the Postmodern*, London : Routledge.
Farquhar, George (1973) *The Recruiting Officer*, London : Davis-Poynter.
Freud, Sigmund (1953) *The Interpretation of Dreams*, trans. James Strachey, Harmondsworth : Penguin.
Gelder, Ken and Jacobs, Jane M. (1998) *Uncanny Australia : Sacredness and Identity in a Postcolonial Nation*, Victoria : Melbourne University Press.
Habermas, Jürgen (1987) *The Philosophical Discourse of Modernity : Twelve Lectures*, trans. Frederick Lawrence, Cambridge : Polity.
Harrison, Charles and Wood, Paul (1992) *Art in Theory 1900-1990 : An Anthology of Changing Ideas*, Oxford : Blackwell.
Harvey, David (1990) *The Condition of Postmodernity*, Oxford : Blackwell.

Hegel, G. W. F. (1969) *Science of Logic*, trans. A. V. Miller, London : George Allen & Unwin.

_____ (1970) *Hegel's Philosophy of Nature : Part Two of the Encyclopedia of the Philosophical Sciences*, trans. W. Wallace and A. V. Miller, Oxford : Oxford University Press.

_____ (1971) *Hegel's Philosophy of Mind : Part Three of the Encyclopedia of the Philosophical Sciences*, trans. W. Wallace and A. V. Miller, Oxford : Oxford University Press.

_____ (1975a) *Hegel's Logic : Part One of the Encyclopedia of the Philosophical Sciences*, 3rd edn, trans. W. Wallace, Oxford : Oxford University Press.

_____ (1975b) *Aesthetics : Lectures on Fine Art*, trans. T. M. Knox, Oxford : Clarendon Press.

_____ (1977) *Hegel's Phenomenology of Spirit*, trans. A. V. Miller, Oxford : Oxford University Press.

Hutcheon, Linda (1988) *A Poetics of Postmodernism*, London : Routledge.

_____ (1989) *The Politics of Postmodernism*, London : Routledge.

Hutchings, Kimberly (1996) *Kant, Critique and Politics*, London : Routledge.

Jameson, Fredric (1981) *The Political Unconscious : Narrative as a Socially Symbolic Act*, London and New York : Routledge.

_____ (1991) *Postmodernism, or, The Cultural Logic of Late Capitalism*, London : Verso.

Jardine, Alice (1985) *Gynesis : Configurations of Woman and Modernity*, Ithaca and London : Cornell University Press.

Jenkins, Keith (1999) *Why History? Ethics and Postmodernity*, London : Routledge.

Kant, Immanuel (1929) *Critique of Pure Reason*, trans. Norman Kemp Smith, London : Macmillan.

_____ (1963) *On History*, Lewis White Beck (ed.), Indianapolis : BobbsMerrill.

_____ (1987) *Critique of Judgement*, trans. Werner S. Pluhar, Indianapolis and Cambridge : Hackett.

_____ (1993) *Critique of Practical Reason*, trans. Lewis White Beck, New York and Basingstoke : Macmillan.

Klein, Melanie (2000) *No Logo*, London : Flamingo.

Librett, Jeffrey S., trans. (1993) *Of the Sublime : Presence in Question*, Albany :

State University of New York Press.

Lyotard, Jean-François (1984a) *The Postmodern Condition : A Report on Knowledge*, trans. Geoff Bennington and Brian Massumi, Manchester : Manchester University Press.

_____ (1988b) "The Unconscious, History, and Phrases : Notes on *The Political Unconscious*," trans. Michael Clark, *New Orleans Review* (Spring 1984)

_____ with Jean-Loup Thébaud (1985) *Just Gaming*, trans. Wlad Godzich, Minneapolis : University of Minnesota Press.

_____ (1988a) *The Differend : Phrases in Dispute*, trans. Georges Van Den Abeele, Manchester : Manchester University Press.

_____ (1988b) *Peregrination : Law, Form, Event*, New York : Columbia University Press.

_____ (1989) *The Lyotard Reader*, Andrew Benjamin (ed.), Oxford : Blackwell.

_____ (1990a) *Heidegger and 'the jews'*, trans. Andreas Michael and Mark Roberts, Minneapolis : University of Minnesota Press.

_____ (1990b) *Duchamp's TRANS/formers*, Venice, California : Lapis Press.

_____ (1991a) *The Inhuman : Reflections on Time*, trans. Geoffrey Bennington and Rachel Bowlby, Cambridge : Polity Press.

_____ (1991b) *Phenomenology*, trans. B. Bleakley, Albany, New York : State University of New York Press.

_____ (1992) *The Postmodern Explained : Correspondence 1982-1985*, trans. Don Barry, Bernadette Maher, Julian Pefanis, Virginia Spate and Morgan Thomas, Minneapolis : University of Minnesota Press.

_____ (1993a) *Libidinal Economy*, trans. Iain Hamilton Grant, London : Athlone.

_____ (1993b) *Toward the Postmodern*, eds. Robert Harvey and Mark S. Roberts, New Jersey : Humanities Press.

_____ (1993c) *Political Writings*, trans. Bill Hutchings and Kevin Paul Geiman, London : University College London Press.

_____ (1994) *Lessons on the Analytic of the Sublime*, trans. Elizabeth Rottenberg, Stanford, California : Stanford University Press.

_____ (1997) *Postmodern Fables*, trans. Georges Van Den Abeele, Minneapolis :

University of Minnesota Press.

_____ (1998) *The Assassination of Experience by Painting - Monory*, trans. Rachel Bowlby, London : Black Dog.

_____ with Eberhard Gruber (1999a) *The Hyphen : Between Judasim and Christianity*, trans. Pascale-Anne Brault and Michael Nass, New York : Humanity Books.

_____ (1999b) *Signed, Malraux*, trans. Robert Harvey, Minneapolis : University of Minnesota Press.

_____ (2000) *The Confession of Augustine*, trans. Richard Beardsworth, Stanford, California : Stanford University Press.

_____ (2001) *Soundproof Room : Malraux's Anti-Aesthetics*, trans. Robert Harvey, Stanford, California : Stanford University Press.

Monbiot, George (2000) *Captive State : the Corporate Takeover of Britain*, Basingstoke : Macmillan.

Norris, Christopher (1990) *What's Wrong With Postmodernism*, Hemel Hempstead : Harvester Wheatsheaf.

Orwell, George (1983) *The Complete Novels*, Harmondsworth : Penguin.

Passerin D'Entrèves, Maurizio and Benhabib, Seyla (eds) (1996) *Habermas and the Unfinished Project of Modernity*, Cambridge : Polity.

Readings, Bill (1991) *Introducing Lyotard : Art and Politics*, London : Routledge.

Rushdie, Salman (1981) *Midnight's Children*, London : Cape.

Sim, Stuart (1996) *Jean-François Lyotard*, Hemel Hempstead : Prentice Hall and Harvester Wheatsheaf.

_____ (2001) *Lyotard and the Inhuman*, Cambridge : Icon Books.

Wertenbaker, Timberlake (1996) *Plays One*, London : Faber and Faber.

Williams, James (1998) *Lyotard : Towards a Postmodern Philosophy*, Cambridge : Polity.

_____ (2000) *Lyotard and the Political*, London : Routledge.

Wittgenstein, Ludwig (1967) *Philosophical Investigations*, trans. G. E. M. Anscombe, Oxford : Blackwell.

_____ (1974) *Tractatus Logico-Philosophicus*, trans. D. F. Pears and B. F. McGuinness, Oxford : Blackwell.

■ 찾아보기

장 프랑수아 리오타르, 포스트모더니즘을 구하라

2008년 1월 25일 초판 1쇄 발행

지은이 | 사이먼 말파스
옮긴이 | 윤동구
펴낸이 | 노경인 · 김주영

펴낸곳 | 도서출판 앨피
출판등록 | 2004년 11월 23일 제2011-000087호
주소 | 우)07275 서울시 영등포구 영등포로 5길 19(양평동2가, 동아프라임밸리) 1202-1호
전화 | 02-336-2776 팩스 | 0505-115-0525
전자우편 | lpbook12@naver.com
블로그 | blog.naver.com/lpbook12

ISBN 978-89-92151-14-6